Anonymous

Führer durch Pest-Ofen und die Umgebungen der Schwesterstädte

mit Plan

Anonymous

Führer durch Pest-Ofen und die Umgebungen der Schwesterstädte mit Plan

ISBN/EAN: 9783743432086

Hergestellt in Europa, USA, Kanada, Australien, Japan

Cover: Foto ©Andreas Hilbeck / pixelio.de

Weitere Bücher finden Sie auf **www.hansebooks.com**

Neuer und Vollständiger

FÜHRER

DURCH

PEST-OFEN

UND DIE

UMGEBUNGEN

DER

SCHWESTERSTÄDTE

MIT PLAN.

ZWEITE VERBESSERTE AUFLAGE.

PEST, 1870.

EGGENBERGER'SCHE BUCHHANDLUNG

(HOFFMANN & MOLNÁR.)

Index.

I.

Geschichte von Pest-Ofen.

Sehenswürdigkeiten.

Geschichte von Pest-Ofen.

Als die Römer P a n n o n i e n unterjocht hatten, gründeten sie an der Stelle und nördlich des
heutigen Altofens eine Colonialstadt, der sie vermuth-
lich nach den warmen Quellen, die an dieser Stelle
entspringen, den Namen A q u i n c u m (aquae quin-
que — Fünfquellenstadt) gaben. Die Ausdehnung
mochte ungefähr, nach den noch vorhandenen Resten
einer Wasserleitung, ausgegrabenen Votivtafeln und
Begräbnisstellen zu urtheilen, den Raum von der
Pulvermühle bis zum Kaiserbade, und von der Donau bis an den Fuss des Gebirges ausgefüllt haben.
Die Einwohnerzahl lässt sich auf etwa 200,000 schätzen.
Ebendaselbst befand sich auch, wie aus vielen ausgegrabenen Geldstücken nachweisbar, eine Münzstätte.

Diese Colonie war durch eine Schiffbrücke mit
dem am jenseitigen Ufer gelegenen T r a n s a q u i n-
c u m verbunden, das als Brückenkopf und Haltpunkt
bei Uebergängen ins jenseitige Barbarenland diente.

Die grosse Völkerwanderung setzte auch in
Pannonien der Herrschaft der Römer ein Ziel. Die
verschiedensten Völkerstämme lösten sich in dem Besitze des Landes ab, darunter die Hunnen, die der
Sage nach das zerstörte Aquincum wieder aufbauten

1 *

und nach einigen, dasselbe E t z e l b u r g (nach ihrem Führer Attila-Etzel), nach anderen Geschichtsforschern es nach dessen Bruder B u d a benannten.

Nach den Hunnen kam das Land vorübergehend in den Besitz verschiedener anderer Volksstämme, bis endlich die M a g y a r e n unter Árpád's Führung über die Donau vordringend, das Land dauernd in Besitz nahmen.

Der Aufschwung B u d a's datirt hauptsächlich von König S t e f a n dem Heiligen, der als Apostel der Ungarn ausser vielen anderen Klöstern und Kirchen im Lande, auch in Buda (an der Stelle des heutigen Altofen) zwei Kirchen erbaute, eine angeblich an der Stelle des Grabes Árpád's, zu Ehren der heiligen Jungfrau Maria, eine zweite zu Ehren des heiligen Peter und Paul, zu welch letzterer König Ladislaus der Heilige eine Probstei gründete, die sehr reich durch Zölle und später durch Emerich mit Grundbesitz dotirt war. Auch die Burg Buda war auf geistlichem Gebiet, blieb jedoch auch später Lieblingsaufenthalt der Könige Geisa II. und Béla IV. bis zum Einfalle der Mongolen.

Der Ursprung P e s t's ist in Dunkel gehüllt, der glaubwürdigsten Version nach befand sich zur Zeit der Römerherrschaft daselbst eine Ansiedlung der Bulgaren, die sich meist mit der Anfertigung der zum Bau Aquincums und Transaquincums nöthigen Ziegel beschäftigten und der Niederlassung, nach den daselbst befindlichen Kalköfen, den Namen Ofen (bulgarisch Pest) gaben. Mit dem allmäligen Anwachsen der Niederlassung dehnte sich das Gebiet von Pest auch über die Donau aus, die Stelle der jetzigen Raitzenstadt wurde Klein-Pest (Minor-Pest)

genannt und der Gerhardsberg, von dessen steilem
Felsenabhange der Bischof Gerhard von Csanád im
Jahre 1047 durch die heidnische Partei in die Donau
gestürzt wurde, hiess auch Pester Berg (Mons Pes-
tiensis).

Obwohl ursprünglich von Bulgaren gegründet,
bildeten doch schon im 13-ten Jahrhundert Deutsche
den Kern der Bevölkerung, so dass die Stadt von
dem Chronisten der Mongoleneinfälle Rogerius, eine
reiche deutsche Stadt genannt wird. Die Dominikaner
gründeten daselbst 1233 eine Kirche.

Zur Zeit der Tartaren (Mongolen)-Einfälle (1241)
bildete Pest den Mittelpunkt der Vertheidigungsmass-
regeln Königs Béla des IV. gegen diesen aus Asien
heranbrausenden Völkerschwarm.

K u t h e n, das Haupt der Kumanier, der mit
seinem Volke vor den Mongolen flüchtete, wird des
geheimen Einverständnisses mit denselben beschuldigt,
und von der Bevölkerung Pest's erschlagen, diess be-
schleunigt das Verhängniss des Landes, denn die er-
zürnten Kumanen vereinigen sich mit den Tartaren,
und diese ziehen, nachdem sie die Ungarn unter Béla
IV. an der Sajó gänzlich geschlagen, unter ihrem
Häuptling B a t u vor Pest. Vergebens ist der drei-
tägige Wiederstand der Bewohner, unaufhaltsam drin-
gen die Horden in die Stadt, alles was nicht geflüchtet,
niedermordend. Die Stadt wird dem Erdboden gleich-
gemacht, und als der Winter seine Eisbrücke über
die Donau spannte, überschwemmten sie auch das
ganze Land, alles verwüstend.

Als nach dem Abzuge der Tartaren, Béla IV.
im Jahre 1244 ins Land zurückkehrte, erstand auch Pest
wieder aus seinen Trümmern und da man zur Siche-

rung des Landes es für nothwendig hielt, Burgen
und feste Plätze aufzurichten, so erbaute man deren
mehrere entlang dem Laufe der Donau, besonders
auch eine solche auf dem Neupester Berg (heutigen
Ofner Festungsberge). Diese Burg wurde wegen der
Nähe Buda's (Altofen) anfangs im Volksmunde, später auch urkundlich (castrum Budense) B u d a genannt. Da durch die Mongoleneinfälle das Land sehr
entvölkert war, berief Béla IV. viele Deutsche,
namentlich Sachsen ins Land, die denn auch das sla-
vische Pession (Pest) in ihr deutsches Ofen über-
setzten, welche Benennung bis heute die deutsche
Bezeichnung für Buda verblieb.

Als unter Ladislaus dem Kumanier grosse Irre-
ligiosität und Immoralität im Lande herrschte, berief
der Pabst Nikolaus III., eine geistliche Synode in
die Ofner Feste, welche dort im Jahre 1279 unter
Bischof Philipp von Firma stattfand. Als sich jedoch
die Synode Uebergriffe über die königliche Gewalt
erlaubte, erzürnte der König und zwang dieselbe dadurch zur Auflösung, dass er dem Stadtrichter den
Befehs zugehen liess, keine weiteren Lebensmittel mehr
an die Versammelten zu verabreichen.

Mit Hilfe zahlreicher Einwanderer blühte Pest
allmälig zu seinem früheren Wohlstande empor. Selbst
ein neuerer Mongolen-Einfall (1285) war zum Wohle
der Stadt. Denn als die Mongolen aus der Walachei
durch Siebenbürgen einbrachen und bis vor Pest
streiften, wurden sie gänzlich geschlagen, wobei die
Pester, sie verfolgend, bedeutende Beute machten.

Im Jahre 1286 wurde der erste Reichstag auf
dem Rákosfelde abgehalten; wichtiger war der zweite
im Jahre 1298, anf welchem die Grossen des Reiches,

Prälaten, der hohe und niedere Adel, erschienen waren, um die Anerkennung Andreas III. als Königs von Ungarn auszusprechen, zahlreiche Gesetze gegen die aufständischen Magnaten, die der Parthei des Thronprätendanten Karl Robert angehörten, zu erlassen, und die durch Partheikämpfe zerrütteten Verhältnisse des Reiches zu ordnen. Durch diese Reichstage gewann Pest an Reichthum und Grösse und wurde in dieser Zeit bedeutender als das alte Buda (Altofen).

Andreas der III., der Letzte der Árpáden, starb im Jahre 1301 und wurde in der Minoriten (jetzt Garnisons)-Kirche zu Ofen begraben. In den Wirren, die nach seinem Tode entstanden, spielte auch Ofen eine Rolle. Als bei dem Thronstreite zwischen Karl Robert von Anjou und Wenzel von Böhmen, der päpstliche Legat Nicolaus von Ostia eine Synode abhalten wollte, verjagte die Bürgerschaft von Ofen denselben sammt seinem Anhange, dass er sich nach Wien flüchten musste. Wenzel traf im Jahre 1304 in Ofen ein und wurde von der Bevölkerung mit grossem Jubel empfangen. Aber damit waren die Unruhen nicht zu Ende und Wenzel war genöthigt, den Stadtrichter Werner gefangen nach Prag abzuführen und an dessen Stelle Petermann einzusetzen. Als nach dem Tode König Wenzels im Jahre 1307 Werner seiner Haft entlassen wurde, verbündete er sich mit der Parthei Karl Robert's überfiel mit Csáki'schen Truppen Ofen, verjagte den Stadtrichter Petermann, und nahm dessen Anhänger gefangen. Am 10. October desselben Jahres wurde Karl Robert von der Reichsversammlung am Rákos zum König von Ungarn ausgerufen und ihm der Eid der Treue geleistet. Die Krönung erfolgte am 15. Juni 1309 in der Marienkirche zu Ofen, wobei der Ofner Stadtrichter Werner als Comes Budensis fungirte.

Unter K a r l R o b e r t hob sich Ofen und Pest wenig, da er in Visegrád residirte. Derselbe bestätigte im Jahre 1331 die alten Rechte der Stadt und verlieh ihr das Marktrecht.

Zu neuem Glanze erhob sich O f e n, als nach dem Tode Karl Roberts, dessen Sohn Ludwig, genannt der Grosse, den Thron bestieg. Derselbe baute auf dem Gebiete der Altofner Probstei (jetzt Neustift) eine neue königliche Burg. Später tauschte er auch gegen andere Besitzungen die Altofner Burg ein, bei welcher Gelegenheit Neu-Buda zur königlichen Freistadt erhoben wurde. Die Grenzen der Stadt umfassten das Gebiet des heutigen Altofen und der Vorstadt Neustift. Die königliche Burg stand ober der Neustiftskirche, wo sich auch bis ins 17-te Jahrhundert Ruinen befanden. Mit dem Tode Ludwig des Grossen (1383) schwand die Grösse Ungarns, welches unter seiner Regierung von der Adria bis zum Baltischen Meere reichte.

Die Ungarn wählten dessen ältere Tochter M a r i a zur Königin. Die jüngere, H e d w i g, erhielt den polnischen Thron, die Königinmutter E l i s a b e t h führte die Vormundschaft. Maria wurde dem 16 jährigen böhmischen Sigmund im Jahre 1383 vermält, welche Eile dadurch geboten war, dass Karl der II. von Neapel als Kronprätendent auftrat und auch schon eine Parthei im Lande hatte. Während Sigmund nach Böhmen ging, um eine Armee zu werben, unterhandelte Elisabeth mit Karl II. Derselbe kam

jedoch bald nach Ofen, und liess sich zum Gubernator ausrufen, nöthigte die Königin zur Verzicht-
leistung und wurde zu Stuhlweissenburg in
Gegenwart der beiden Königinnen gekrönt. Karl ge-
stattete den beiden Frauen die Rückkehr in die Ofner Burg, ja er wurde zu seinem Unheile 1386 selbst
dahin eingeladen. Während Karl die Königinnen be-
grüsste, brachte ihm auf den Wink des Palatin Gara
der Mundschenk Forgách mit dem Csákány
eine Kopfwunde bei und entfloh zu den vor der
Stadt aufgestellten Truppen, welche die Leibwache
Karls II. in die Flucht schlugen und Maria zur
Königin ausriefen. Karl II. nach Visegrád gebracht,
starb kurz nachher. Während die Königinnen zur
Gewinnung der Gegenpartei das Land bereisten,
wurden sie unweit Diakovár in Syrmien gefangen.
Elisabeth starb in der Gefangenschaft, Maria wurde
von den Venetianern befreit und kehrte zu Sigmund,
der indessen ohne Wiederstand in Ofen eingezogen
war, zurück, diesem die Regierung überlassend. König Sigmund baute die auf dem Neu-Pester (jetzigen Ofner Festungs)-Berge gelegene Burg gänzlich
um, und legte den Grund zu einem umfangreichen
Neubau der sogenannten Neuburg (Friss Palota).
Von den manigfachen Wirren, die unter Sigmund's
tyrannischer Regierung stattfanden, blieb auch Ofen
nicht verschont. Im Jahre 1395 fiel der edle Stefan
Kont von Hédervár nebst 31 seiner Genossen
ohne Urtheil unter dem Beile des Henkers. (Auf dem
Platze, wo jetzt das Hentzi-Monument steht.)

Im Jahre 1411 wurde Sigmund zum römischen
König gewählt, da sah Ofen in seinen Mauern ein
gar glänzendes Hoflager, das von Juni bis September

dauerte, da waren ausser dem Könige J a g i e l l o
von Polen, dem Fürsten von S e r b i e n und dessen
Gemahlin, 19 Herzoge, 24 Grafen, 58 Magnaten und
und gegen 1400 Adelige mit glänzendem Gefolge erschienen, Feste wechselten mit Tournieren und Jagden ab.

Neben diesen aeusseren beschäftigten Sigmund
auch innere Angelegenheiten, so gründete er im Jahre
1415 zu Altofen eine Hochschule S u n d a (Sigis-
munda) genannt, die freilich nicht über die scholas-
tischen Einrichtungen ihrer Zeit erhaben war, und
somit auf die culturliche und nationale Entwicklung
Ungarns ohne Einfluss blieb.

Als S i g m u n d im Jahre 1416 nach Paris
reiste, sandte er 200 Künstler und Handwerker nach
Ofen, die den Bau des Königsschlosses mit aller
Pracht damaliger Zeit ausführen sollten. Die vielen
hohen Besuche, die Sigmund in Ofen empfing, machten viel zu der damaligen Prachtentfaltung beitragen,
so erschien im Jahre 1424 der griechische Kaiser
K o m n e n u s in Ofen, auch der Despot Georg von
Serbien verherrlichte durch längeren Aufenthalt Sigmunds Hofstaat.

Der ganze Schlossbau stand ungefähr an der
Stelle des jetzigen Zeughauses, und reichten die
Ringmauern desselben bis an die Donau.

Wir sehen, dass Neu-Ofen, obwohl eine Colonie von Pest, dem Letzteren mehr und mehr über
den Kopf wuchs, so dass zuletzt der Richter und Ma-
gistrat von Pest von den Ofnern gewält wurden, wo-
rüber die Pester nicht wenig erbost waren. Sie be-
nützten daher eine Geldverlegenheit König Sigmund's
bei welcher Gelegenheit sie ihm 1000 Gulden als Ge-

schenk anboten, um von ihm die Wiederherstellung
der goldenen Bulle Béla II. zu verlangen, was ihnen
auch zugestanden wurde.

Nach Sigmunds Tode erwählten die Ungarn des-
sen Eidam A l b r e c h t I. (als deutscher Kaiser der II.)
zum König von Ungarn, er wurde im Jahre 1438 zu
Stuhlweissenburg gekrönt, worauf er nach Ofen zurückkehrte und dort residirte. Trotz seiner anerkannten
Weisheit und Mässigung konnte er, der ungarischen
Sprache unkundig, sich die Sympathien des Landes
nicht erwerben. Unter den deutschen Regenten ge-
wannen natürlich die deutschen Bewohner der Stadt
mehr und mehr an Einfluss, so dass sie die Ungarn
fast aus allen Aemtern verdrängt hatten. Als die
Ungarn vollends einen ihrer Wortführer, Eötvös János,
ermordet aus den Wellen der Donau zogen, brach
der Tumult los und endete mit der Ausplünderung
der reicheren deutschen Kaufläute und Rathsherren.
Zuletzt gelang es dem bei den Ungarn in ·grossem
Ansehen stehenden Banus Ladislaus Garay den Frieden
wieder herzustellen.

Im Mai 1439 hielt Albert einen wichtigen
Reichstag zu Ofen, der viele streitige Rechtspunkte
erledigte. Auch nach Albrechts Tode († 1439 zu
Neszmély) hielten die Grossen des Reiches einen berühmten Reichstag, auf welchem sie Uladislaus auf
den ungarischen Thron beriefen. U l a d i s l a u s ent-
sprach der Aufforderung, hielt 1440 seinen Einzug
in Ofen und liess sich krönen.

1441 brach die Pest aus und forderte viele
Opfer 1443 nahm Uladislaus an dem Feldzuge gegen
die Türken theil, in welchem Johann Hunyady fünf

grosse Siege über dieselben erfocht. Mit Trophäen und
Beute beladen, kehrte die siegreiche Armee (1444)
nach Ofen zurück. Die erbeuteten Fahnen und Wappen
wurden feierlich in der Marienkirche aufgepflanzt.
Aber schon am 10. November desselben Jahres fiel
König U l a d i s l a u s in der unglücklichen Schlacht
bei Varna.

Gross war die Verwirrung, die diese Niederlage hervorrief, Johann Hunyady überzeugt, dass
den Partheiungen im Lande nur dadurch begegnet
werden könnte, dass man den schon als Kind gekrönten
L a d i s l a u s Postumus (Alberts Sohn) zum König
von Ungarn erwählte, setzte diess auf dem Reichstage
durch. Ladislaus wurde denn auch als rechtmässiger
König anerkannt, unter der Bedingung, dass sein
Vormund, Kaiser Friedrich III. ihn und die Krone
seiner Obhut entlasse.

Aber Friedrich verweigerte diess, und so war
man genöthigt, einen Gubernator zu wählen. Die
Wahl konnte keinen würdigeren treffen, am 5-ten
Juni 1445 wurde J o h a n n H u n y a d y, der
Abgott des kriegsliebenden ungarischen Volkes, auf
dem Rákosfelde zur Gubernatorswürde erhoben.

Kaiser Friedrich gab sich alle Mühe Hunyadys
Stellung zu erschweren, aber dieser bewährte sich
nicht nur gross als Krieger, sondern auch als Staatsmann.
Im Jahre 1453 kehrte endlich L a d i s l a u s nach
Ungarn zurück, in seinem Gefolge sein schurkischer
Erzieher Ulrich von Cilley, der Todfeind Hunyady's.
Hunyady wurde nach und nach verdrängt, und mit
Undank behandelt, trotzdem blieb er der Beschützer
Ungarns und erfocht noch einen herrlichen Sieg bei
Belgrad. — Kurz darauf starb er 1456 in seinem

86-ten Jahre, vom ganzen Lande betrauert. Nur Cilley und seine Genossen freuten sich der Nachricht und schmiedeten Pläne zur Ausrottung des ganzen Hunyady'schen Geschlechtes. L a d i s l a u s, der ältere Sohn Hunyadys, hatte den Befehl über Belgrád und die anderen Grenzfestungen übernommen, bis der König anders darüber verfügen würde. Cilley begleitete den König nach Belgrad, um da seinen ruchlosen Plan auszuführen, doch derselbe wurde vereitelt und er selbst ermordet. Nun wurde die Wuth der Feinde Hunyadys auf's Höchste gesteigert, und obwohl der König sowohl Ladislaus vollkommene Amnestie gewährte, als auch den jüngeren M a t h i a s seiner königlichen Gnade versichert hatte, gelang es ihnen bald in dem schwachen Könige Verdacht zu erregen. Er lud beide Brüder zu sich nach Ofen und als sie arglos in der königlichen Burg erschienen, wurden sie gefangen genommen, ebenso der grösste Theil der Freunde der Hunyady'schen Familie. Ein schnell zusammenberufenes Gericht, meist aus Feinden der Hunyadys bestehend, verurtheilte den Unglücklichen Ladislaus zum Tode. Schon am dritten Tage wurde er dem Ofner Stadtrichter zur Vollziehung des Urtheils übergeben. Aus Furcht vor dem Volke, das seinen Liebling sicher befreit hätte, führte man zu ungewöhnlicher Stunde den schönen 24 jährigen Jüngling vor Sigmunds Palast (friss palota). Die langen blonden Locken fielen frei herab auf das goldgestickte Sammtgewand, das des Königs Huld ihm vor kurzer Zeit geschenkt. Die Hände auf den Rücken gebunden, aber stolz erhobenen Hauptes, im Gefühle seiner Unschuld schritt Ladislaus zwischen den ihn dicht umringenden Söldnern. Vor dem Schaf-

fot angelangt wollte Hunyady an das im tiefen
Schweigen harrende Volk einige Worte der Recht-
fertigung richten, aber der Reichsherold wehrte es
ihm mit den Worten : „So werden jene bestraft, die
dem Könige untreu sind.“ Unter dumpfem Murren
des nach und nach herbeiströmenden Volkes befahl
der Nachrichter dem unglücklichen Jünglinge nieder-
zuknieen. Mehrmals schlug der Henker fehl, sei es
aus Ungeschicklichkeit oder wie manche behaupten,
auf ausdrücklichen Befehl. Endlich der dritte Streich
streckte den kräftigen Jüngling nieder, mit letzter
Kraftanstrengung raffte sich Hunyady empor und
ruft „nach Recht und Gewohnheit bin ich nicht ver-
pflichtet mehr Streiche zu dulden“, aber im Vor-
schreiten sich in die Falten seines Gewandes ver-
wickelnd, stürzt er zu Boden. Ein vierter Streich
trennt das Haupt vom Rumpfe. Jetzt erst erwacht
das Volk aus seiner dumpfen Betäubung. Mit dem
Rufe „Ladislaus ist unschuldig gerichtet“ strömt es
in immer grösseren Massen vor das Schloss, aus dessen Fenstern der König und seine Rathgeber dem
grässlichen Schauspiele zusahen. Am folgenden Tage
brachte man unter Bewachung den Leichnam in die
Kirche des Leibes Jesus, in dem die Gebeine der
32 hingerichteten Edelleute ruhten. „Aus Furcht vor
dem aufgeregten Volke wagte man nicht, auch Mathias hinzurichten. Der König nahm ihn mit sich
nach Wien und später nach Prag.

Nach dem im Jahre 1457 erfolgten Tode des
Königs trafen der Palatin Gara und der stolze Nikolaus Ujlaki, welche beide insgeheim nach der Krone
strebten, mit ihren Anhängern in Ofen zusammen.
Hunyadys Oheim, Michael Szilágyi mit den Anhän-

gern der Hunyadys und 20,000 Reitern berathschlag-
ten in Pest. Ueber Nacht fror die Donau zu und
somit war Gara der Uebernacht Szilágyis preisgege-
ben. Gara willigte denn auch in die Berathung über
die Königswahl ein und begab sich nach Pest, nachdem ihm Freiheit der Person und des Berathungs-
rechtes . zugesagt ward. Die Verhandlungen zogen
sich in die Länge das auf dem Eise der Donau la-
gernde Heer und das Volk von Pest ward ungedul-
dig, und mit dem Rufe : „Es lebe Mathias unser
König!" stürmte es durch die Strassen und sang
Loblieder über die vollbrachte Königswahl. Nun
wählte auch die Volksversammlung den 17 jährigen
M a t h i a s zum Könige und Szilágyi auf 5 Jahre
zum Gubernator.

Sogleich wurden Boten ausgesandt, welche den
noch immer in Prag gefangen gehaltenen Mathias ab-
holten. Unter grossem Gepränge von allen Würden-
trägern des Reiches und dem jubelnden Volke empfangen, hielt König Mathias seinen Einzug in dieselbe
Burg, in der er kurz vorher als Gefangener ge-
schmachtet.

Unter Mathias Corvinus erreichte Ofen den
höchsten Punkt seines Glanzes. Er baute die seit
Sigmund unvollendet gebliebene Königsburg mit
grosser Pracht und im besten Geschmack seiner
Zeit aus, schmückte sie mit den herrlichsten Kunstwerken, errichtete eine grossartige Bibliothek (50,000
Bände), die die grössten literarischen Schätze in
schönster Ausstattung barg, sammelte vorzügliche
Gelehrte seiner Zeit um sich, so dass nach dem Aus-
spruche des an Mathias Hofe lebenden Geschicht-
schreibers Bonfin wenige Residenzen Europas sich

mit Ofen messen konnten. Herrliche Gärten mit Statuen und Thierkäfigen geschmückt (an der Stelle der
heutigen Christinenstadt) umgaben das Schloss, das
zugleich durch die Pracht seines Schmuckes, die
Festigkeit seiner Mauern und die Tapferkeit seiner
Hauptleute Bewunderung erregte. Spätere Stürme haben all diese Herrlichkeit vom Boden weggefegt,
nichts übrig lassend, als ein marmornes Säulenkapi-
täl (in der Universitätsbibliothek zu Pest) und einige Pergamentbände in den Bibliotheken Wiens
Wolfenbüttels und Konstantinopels. Unter Mathias
glänzender Regierung war Ofen der Schauplatz vieler Festlichkeiten und Aufzüge. Einen der grossar-
tigsten, den Einzug der zweiten Gemahlin König Mathias', der schönen B e a t r i x von Neapel beschreibt
Bonfin: „Nachdem Beatrix am 12-ten Oct. 1477 zu
Stuhlweissenburg gekrönt war, hielt sie ihren Einzug in Ofen an der Seite ihres königlichen Bräuti-
gams. Beide ritten weisse, reich mit Gold und edlen
Steinen aufgeschirrte Zelter, acht goldene Wägen,
ebenfalls mit weissen Pferden bespannt, schlossen
den Zug. Einige Tage nachher erfolgte die Trauung
durch den Erlauer Erzbischof in der Marienkirche zu
Ofen. Nun folgten Bankette, Tourniere, Lustfahrten
auf der Donau, Jagden auf der Csepel-Insel unterhalb Pest, Empfang der mit reichen Geschenken herbeiströmenden Deputationen des Landes. Zwei Wo-
chen währten die Festlichkeiten, die nur durch die
Trauerbotschaft vom Tode des Woywoden Pongrácz
von Siebenbürgen (einem Verwandten König Mathias')
unterbrochen wurde. Nun folgte eine grossartige Tod-
tenfeier, bei welcher Gelegenheit 1000 Dukaten und
2000 fl. in kleinen Silbermünzen unter das Volk ver-

theilt wurden. Unter der weisen Regierung König Mathias' nahmen die beiden Städte einen raschen Aufschwung, Deutsche und Ungarn wechselten in den Aemtern ab. Als Beweis nicht nur des Reichthumes, sondern auch der Bildung, sei noch erwähnt, dass schon im Jahre 1473 aus der Buchdruckerei des Andreas Hesz in Ofen viele grössere Werke hervorgingen, ausserdem in Florenz 4 Buchdruckerpressen für die Ofner Bibliothek thätig waren.

Nach geschlossenem Waffenstillstande mit Kaiser Friedrich IV. hielt König Mathias im Jahre 1477 einen Landtag in Ofen, auf welchem hauptsächlich über Massregeln gegen die drohende Türkengefahr berathen wurde.

Die Weihnachstage im Jahre 1489 waren die letzten, die König Mathias in Ofen zubrachte. Im Frühjahre 1490 reiste er schon sehr kränklich zum Kongresse nach Wien und starb dort am 5-ten April 1490. Mit ihm sank — nach dem ungarischen Sprichworte — auch die Gerechtigkeit ins Grab, und die Sonne Ofens neigte sich zum Untergang.

Von den vier Bewerbern um die Krone Ungarns wählte man den unfähigsten W l a d i s l a w, Sohn des Königs von Polen. Er hielt am 9-ten August 1490 seinen Einzug in Ofen; unter seiner schwachen Regierung lösten sich allmälig die Bande der Ordnung im Lande. Bauernaufstände, die wie überall mit noch grösserer Bedrückung des Bauernstandes durch den Adel endeten, verwüsteten das Land. Nach einem, im Jahre 1516 erfolgten Tode kam sein 10 jähriger Sohn L u d w i g II. auf den Thron. Unter seiner Regierung stieg der Zwiespalt der Partheiungen auf den höchsten Grad. Mehrere stürmische Landtage

wurden in Ofen, Pest und auf dem Rákos gehalten.
Der Letzte am 24. April 1526. Schon am 29. August,
desselben Jahres folgte die Katastrophe bei M o h á c s,
in welcher unglücklichen Schlacht der König und mit
ihm fast der ganze Adel des Landes der Uebermacht
der Türken erlag.

Am 30. August Abends langte athemlos, halb
wahnsinnig ein deutscher Diener in Ofen an, von
Mohács aus der Schlacht war er gekommen; in der
ungeheuren Aufregung konnte er die Oeffnung des
Schlossthors nicht finden, eine dumpfes Gerücht
durchlief die ganze Stadt. Als die Nacht hereinbrach,
begann ein geheimnisvolles Rennen und Hasten, die
reicheren deutschen Einwohner schleppten Kisten und
Kasten, theils westwärts gegen Logod, theils ostwärts
an die Donau. Bald erschien die Königin, sie ritt
unter Bedeckung von 50 Reisigen zum Logoder Thor
hinaus, die Kammerjungfern trugen brennende Fackeln.
Der königl. Schatzmeister Alexius Thurzó arbeitete
rastlos mit seinen 300 Dienern. Als der Morgen an-
brach, waren alle Schätze und Werthsachen der Burg
auf der Strasse nach Wien; fasst alle deutschen Bewohner schlossen sich dem Zuge an, nur die ungarischen Bewohner zögerten noch, sich auf den siebenbürgischen Woywoden verlassend, der sich dem Gerüchte nach, Ofen näherte.

Am 6. September waren die Türken bei Tolna.
Am 11. Sept. langten sie vor Ofen an. Erst jetzt,
als auch die versprengten ungarischen, deutschen und
polnischen Truppen anlangten, und immer entsetzli-
chere Schilderunger brachten, dachten auch die ungarischen Einwohner an Rettung. Jeder rettete was
er konnte und wohin er konnte.

Am 12. September liess Suleiman seinen Truppen Rasttag halten und besichtigte mit seinem Grossvezir Ibrahim die völlig leere Stadt. Nur einige Lahme und Kranke waren zurückgeblieben, denen der Sultan 10 Dukaten schenkte. Jászay behauptet, der Sultan sei gegen das Niederbrennen der Stadt gewesen, genug am 13. Sept. brannte die Stadt an allen Enden. Drei Tage dauerte das Wüthen des Feuers. Nur das königl. Schloss, die Stallungen, der Thiergarten und das Jagdschloss blieben unversehrt. Als das Feuer allmälig erlosch, folgte das Plündern, alles einigermassen Verwendbare, die ehernen Standbilder, selbst die vergoldeten Thurmknöpfe wurden auf Schiffe geladen und nach Belgrad geschafft. Am 16. und 17 September feierte der Sultan. in der königlichen Burg ein grosses Fest, dann liess er die Tapeten abnehmen und zog mit unzähligen christlichen und jüdischen Gefangenen über die unterdess fertig gewordene Donaubrücke über Pest, das ebenfalls niedergebrannt wurde, mit seinem siegreichen Heere zurück nach Stambul; seinen Weg durch Morden und Brennen bezeichnend. Nach dem Abzuge der Türken besetzte Johann Szapolyai die Ofner Burg, liess sich zum König wählen und in Stuhlweissenburg krönen.

Unterdess erwählten die in Pressburg versammelten Stände Ferdinand zum König. Dieser hielt seinen Einzug am 3. November in Ofen und wurde ebenfalls vom Reichstage als König anerkannt und gekrönt. In dieser Bedrängniss wandte sich Szapolyai an den Sultan um Hilfe. — Suleiman, der ohnediess die Absicht hatte, auch Wien zu erobern, zog mit 300,000 Mann heran (1529), nahm in einigen Stun-

2*

den Pest, und nach dreitägiger Belagerung Ofen,
dessen Vertheidigung Nádasdy dadurch unmöglich
wurde, dass seine deutsche Besatzung ihn einsperrte
und kapitulirte. Der Sultan entliess Nádasdy, die
untreue Besatzung wurde niedergemacht. Nach Zu-
rücklassung einer kleinen türkischen Besatzung zog
Suleiman vor Wien, nach dessen vergeblicher Belagerung er bald nach Ofen zurückkehrte, Szapolyai als
König von Ungarn bestätigte und seinen Rückzug an-
trat. Sofort nach dem Abzuge der Türken belagerte
Ferdinands General Roggendorf, jedoch vergeblich
Ofen, da die Bevölkerung Szapolyai treu blieb. Johann vermälte sich mit Isabella von Polen und starb
kurz nachdem ihm ein Sohn geboren im Jahre 1540
in Siebenbürgen.

Im nächsten Jahre erschien Roggendorf abermals vor Ofen. Königin Isabella, der vor einem Bür-
gerkriege bangte, wollte die Festung übergeben, die
Verhandlungen wurden jedoch verrathen und durch
die mit der Vormundschaft über Johanns Sohn be-
trauen G e o r g M a r t i n u z z i und P. P e t r o v i c s
vereitelt. Um Ofen von der Belagerung zu befreien,
wandte sich Martinuzzi abermals an den Sultan, dessen Armee denn auch bald erschien und Roggendorf
mit Verlust seines Geschützes und seiner halben
Armee zurückschlug. Der Sultan bezog ein Lager
unter Ofen und liess Isabella bitten, ihm ihren Säug-
ling zu senden, was denn auch nach einigem Zaudern,
in Begleitung von Martinuzzi, Petrovics, Török, Ver-
böczy etc. geschah. Indess liess er in aller Stille
Ofen besetzen und die Besatzung entwaffnen. Dem
Gefolge des königl. Säuglings erklärte er, dass er,
da sie zur Vertheidigungs Ofens ohnediess zu schwach

wären dieses einstweilen besetzt halten werde, bis der König grossjährig sei. Isabella zog mit ihrem Kinde nach Siebenbürgen, Verbőczy wurde von Kadi Ofen und der Hort Ungarns war in den Händen des Halbmondes. Unter seiner 145 Jahre dauernden Regierung ging Ofen sammt seiner Schwesterstadt Pest einem raschen Verfalle entgegen. Reisende, die in dieser Periode die alte Kapitale Ungarns besuchten, geben uns traurige Schilderungen des Zerfalls und der Verwüstung. — Die Häuser der Grossen des Reiches im besten Stile und mit aller Pracht der ˉRenaissance erbaut, standen der Dächer beraubt, halb eingestürzt, allen Unbilden des Wetters ausgesetzt, die Strassen mit Schutt und Kehricht bedeckt und fast entvölkert. Auch die königliche Burg war arg zerfallen, die einst weltberühmte Bibliothek in alle Winde verschleppt, die königlichen Gemächer von einigen türkischen Wachen bewohnt.

Das einzige, was die Türken pflegten, waren die Bäder, deren sie fünf mit grosser Sorgfalt bauten, und von denen sich bis heute noch mehrere Ueberreste erhalten haben (so z. B. das grosse Bassin des Bruckbades). Selbst Elemetarereignisse halfen an dem Zerstörnngswerke mit, so schlug der Blitz im Jahre 1606 in ein Pulvermagazin und zerstörte einen Theil des Schlosses, namentlich den sogenannten Csonkatorony. 1625 und 1669 wütheten grosse Feuersbrünste, 1684 wurde Pest gänzlich niedergebrannt und von den Türken verlassen.

Doch auch für Ofen schlug die Stunde der Erlösung. 1686 erschien Karl von Lothringen mit 90,000 Mann Ungarn und Reichstruppen und zahlreichem Belagerungsgeschütz vor Ofen und nahm es am

2. Septemper am selben Tage, an dem es 145 Jahre
vorher von den Türken besetzt wurde. Die Besatzung
wehrte sich mit dem Muthe der Verzweiflung, da Suleiman mit 80,000 Mann zum Entsatz heranzog, aber
die Begeisterung der christlichen Truppen siegte über
beide. — Die Stadt war so zerschossen, dass die
christliche Besatzung nach dem Abzuge des Türken-
heeres in hölzernen Barracken überwintern musste.
Erst im Früjahre 1687 wurde der Schutt von den
Strassen aufgeräumt, Bauholz aus dem Wagthale he-
rabgeflösst und der Wiederaufbau durch die gross-
müthige Unterstützung Kaiser Leopolds mit aller
Energie betrieben. Zahlreiche Einwanderer strömten
herbei, die Serben, die schon unter den Türken in
Ofen wohnten, siedelten sich um den Blocksberg an,
die Juden wurden nach Altofen verwiesen, die hie-
durch leer gewordene Wasserstadt mit Kroaten be-
völkert. Zahlreiche Deutsche siedelten sich in den
übrigen Theilen der Stadt an. Ungarn nur einige wenige. Auch Pest wurde meist von Deutschen, Griechen und Serben bewohnt. 1703 erhob Leopold die
beiden Städte wieder zu königlichen Freistädten und
zwar Ofen zur ersten und Pest zur zweiten des Landes. Im Jahre 1702 erichtete Erzbischof Kollonics
eine Akademie zu Ofen, auch die Festungswerke wurden 1715 wieder aufgebaut. Seine heutige Gestalt
erhielt Ofen zumeist durch die nach dem grossen
Feuer von 1723 entstandenen Neubauten.

    Im Jahre 1736 wurden die beiden Städte durch
eine Schiffbrücke verbunden. Unter Maria Theresia
wurde die königliche Burg an der Stelle, wo sie
heute steht, wieder aufgebaut. J o s e f der II. ver-
legte die Universität von Tirnau nach Ofen, ebenso

vereinigte er die Statthalterei und Landescassen daselbst. Im Jahre 1723 kamen auch die höheren Ge-
richtsstellen, die Septemviraltafel und k. Curie nach
Pest.

Die innere Stadt Pest auf einen sehr kleinen
Raum beschränkt, wurde bald zu eng, Vorstädte
mussten angelegt werden, unter Maria Theresia baute
man die Theresienstadt, unter Kaiser Josef die Josefstadt. — 1787 wurde die Universität von Ofen
nach Pest verlegt. Nach Josef des II. Tode wurde die
nach Wien überführte Krone und Reichsinsignien, auf
Reclamation der Stände wieder nach Pest zurückge-
bracht und 1792 Kaiser F r a n z I. als König von
Ungarn gekrönt.

Seit dieser Zeit entwickelte sich Pest, begüns-
tigt durch seine Lage, rasch zu einem bedeutenden
Handelsplatze, als es plötzlich in seinem Emporblühen
durch ein Elementarereigniss gehemmt wurde, das
ihm beinahe gänzlichen Untergang brachte.

Am 13. März 1838 erreichte das Wasser der
Donau mit 22″ 3 über Null den höchsten Stand,
für den die Dämme der Stadt berechnet waren und
stieg dann in der Nacht auf den 14 noch um weitere
7 Fuss. Mit rapider Schnelligkeit drang das Wasser
durch die niedrig gelegenen Canäle, und Dammrisse
in die Stadt, manche Strassen bis zum ersten Stocke
der Häuser überschwemmend. In Pest stürzten 2281
Häuser gänzlich ein, 800 waren derart beschädigt,
dass man sie abtragen musste. In Ofen gingen 700
Häuser zu Grunde, die Zahl der verlorenen Menschen-
leben wurde nie genau ermittelt, da viele von den
Wellen fortgeschwemmt wurden. Der Schaden wurde
auf 12 Millionen geschätzt. Doch ebenso gross wie

die Wuth des Elements war die Nächstenliebe. Aus
allen Theilen des Reiches, selbst aus Deutschland
strömte reiche Hilfe herbei und einem Phönix gleich
erhob sich Pest aus seinem Schutte. Eine Commis-
sion überwachte Solidität und Anlage der Bauten
hiebei nach einem festgestellten Plane vorgehend, so
dass die jetzige regelmässige Anlage der Stadt hauptsächlich diesem Ereignisse zu danken ist.

Noch einmahl drohte den Schwesterstädten der
Untergang :

Der Völkerfrühling 1848 brach an, Ungarns
heisseste Wünsche schienen in Erfüllung zu gehen, das
ungarische Ministerium, aus den edelsten und wei-
sesten Männern des Landes gebildet, war unter dem
Jubel der Bevölkerung inauguirt, am 5. Juli wurde
der Reichstag feierlich eröffnet ; aber schon im Septemb.
begann die Reaction in Wien sich zu regen, düstere
Gerüchte gingen um, der P a l a t i n hatte resignirt,
General L a m b e r g wurde zum königl. Komissär er-
nannt. Den 28. Sept. wurde Lamberg auf der Kettenbrücke vom aufgeregten Pöbel ermordet. Die
Ereignisse kamen ins Rollen. Den 31. Dezember
Wurde der Reichstag nach Debreczin verlegt. Am 2.
Jänner 1849 hielt Windischgrätz, der mit seiner über-
mächtigen Armee die schwach organisirten Honvéds
zurückgedrängt hatte, seinen Einzug in Budapest.
Doch das Kriegsglück wendete sich, im April über-
nahm W e l d e n das Oberkommando über die Truppen. In der Nacht vom 23—24. April räumten die
kaiserlichen Truppen Pest und brannten die Schiffbrücke hinter sich ab. Nachdem sie in der Ofner Festung eine Besatzung von 4000 Mann unter dem
Kommando des General Hentzi zurückgelassen, trat

die österreichische Armee den Rückzug an. Am 25.
April bezog Aulich östlich vor Pest ein Lager. Am
29. April erhielt er von G ö r g e y die Weisung, die
Donau zu überschreiten und sich der Armee von Ofen
anzuschliessen. In der Nacht vom 3. auf den 4.
wurde der Uebergang auf das rechte Ufer bewerk-
stelligt. Die Hauptmacht der ungarischen Armee ward
nach dem Entsatze von Komorn ebenfalls vor Ofen
dirigirt. Görgey hoffte die Festung im ersten Anprall
ohne Belagerung zu nehmen, war daher ohne Belagerungsgeschütz, nur mit einem schwachen Artillerie-
park erschienen. Obwohl nun die Festung viel von
ihrer einstigen Stärke eingebüsst, und weder Graben
noch Glacis hatte, so konnte sie in den Händen eines so energischen Befehlshabers, wie Hentzi, im-
merhin einige Zeit gehalten werden, zumal Hentzi
seine Zeit mit grosser Umsicht dazu benützt hatte,
durch Anlegung von Verpallisadirungen, Erhöhung
der Wallmauern, Verbarrikadirung der Vorstädte, die
Festung in einen vertheidigungsfähigen Zustand zu
setzen.

Der Uebergang über die Kettenbrücke wurde
durch Aushebung der Balken auf der Ofner Seite
unmöglich gemacht, ausserdem der Brückenkopf un-
terminirt. Die Wälle waren mit 75 schweren Ge-
schützen und Mörsern besetzt, Munition und Lebensmittel reichlich vorhanden.

Am 3-ten Mai langte das Gros der ungarischen
Armee (30,000 Mann) vor Ofen an, und cernirte die
Festung. Das Hauptquartier war auf dem Schwaben-
berge. Am 4. Mai wurde der erste Versuch gemacht,
die Festung zu stürmen. Die Honvéds rückten vom
Stadtmeierhofe und vom Wienerthore muthig vor,

wurden aber mit grossem Verluste zurückgeworfen.
Auf eine Aufforderung Görgey's ' die Festung zu
übergeben, wurde geantwortet, dass, wenn die Ungarn ihr nutzloses Feuern nicht einstellen würden,
man genöthigt sei Pest zu bombardiren. Die Drohung
wurde Wahrheit. Am 4. Mai wurde die wehrlose Stadt
mit Granaten und Bomben beschossen. Unbegreiflich
ist nun die Saumseligkeit Görgey's, erst den 14. Mai
langte Belagerungsgeschütz von Komorn an. Während
die Ungarn ihr Geschütz aufstellten, hatte Hentzi
Musse, das Bombardement von Pest fortzusetzen.
Man wählte besonders diejenigen öffentlichen Gebäude, die irgend eine politische Bedeutung hatten,
so wurde das Redoutengebäude (Sitzungslokal des
Landtages), das Komitatshaus, das Trattner'sche
Haus angezündet. In der Nacht vom 12—13. Mai
war Pest ein Feuermeer, die Einwohner waren meist
in die entferntesten Vorstädte, und ins Stadtwäldchen geflüchtet, wo sie unter Zelten crupirten.

Am 15. Mai begann die Breschbatterie der
Ungarn ihr Feuer, das von der Festung kräftig er-
wiedert wurde, in der Nacht vom 15. Mai wurde die
Burg durch eine Granate angezündet und brannte
theilweise ab, die Bresche etwas rechts vom Wei-
senburger Thore wurde in der Breite von 10—12
Klaftern gebrochen. Endlich beschloss man in der
Nacht von 16. zum 17. einen allgemeinen Angriff zu
unternehmen. Es war eine dumpfe, gewitterschwüle
Nacht, nur durch die Flammen der am Donauufer
angezündeten Holzstösse und durch gegen die Brücke
der Ungarn abgelassene Brander erleuchtet. Um 1
Uhr begann der Angriff. Die Bataillone rückten
schweigend vor, bald wurde der Sturm allgemein.

Die Festung spie einen Hagel von Geschossen aus, immer und immer drangen die Honvéds muthig vor, aber jedesmal wurden sie mit einer vollen Lage empfangen und zurückgeworfen. Der Tag brach an und man hatte noch nichts erreicht, endlich zogen die Anführer die ermüdeten Truppen zurück. Am 17. Mai bauten die Ungarn in der Raizenstadt eine 12 pfündige Batterie. Die Breschbatterie setzte ihr Feuer fort. Am 20. Mai hatte die ungarische Batterie nur noch 2 brauchbare Geschütze. Für den 21. Mai war ein zweiter Sturm beschlossen, eine Rakete 3 Uhr Morgens gab das Signal. Alle Geschütze auf den umliegenden Höhen wurden losgebrannt; plötzlich entstand der wildeste Lärm und wüthende Kampf; vergebens versuchte man mit Leitern die Wälle zu ersteigen, endlich richtete man das Hauptaugenmerk auf die Erstürmung der Bresche. Zwei Stunden hatte der Kampf gedauert, da erstieg das 47. Bataillon zuerst die Wälle. General Hentzi fiel an der Bresche von einer Kugel tödlich getroffen. Gleichzeitig ward das Wienerthor erklettert und die Wasserleitung erstürmt, die Besatzung retirirte in die Strassen und vertheidigte sich Haus um Haus, endlich warf sie die Waffen weg und bat um Schonung, die denn auch der ganzen noch übrigen Besatzung gewährt wurde. 1000 Mann der Besatzung waren gefallen, 2500 wurden gefangen. Der Verlust der Ungarn betrug etwa 600 Mann. Nach 6 Uhr hörte man beim Ofner Brückenkopf ein furchtbares Krachen, Obrist Allnoch hatte vergebens versucht die Brücke zu sprengen und dabei sein Leben eingebüsst. Durch ein Wunder war das herrliche Bauwerk erhalten geblieben. Doch kurz war die Freude der Ungarn; am 13. Juli wurde Ofen

wieder von den öst. Truppen besetzt. Die beiden
Städte hatten durch die Belagerung viel gelitten. In
Ofen sind selbst jetzt noch nicht alle Spuren der
Verwüstung verschwunden.

Nach der Revolution hob sich die während
derselben bedeutend gesunkene Bevölkerungszahl
Pest-Ofens allmälig und nahm auch der Ausbau namentlich Pests seinen ruhigen Fortgang. Einen leb-
hafteren Aufschwung nahm Pest-Ofen erst wieder mit
der Inauguration der neuen politischen Aera Ungarns.

Von historischem Interesse in der jüngsten
Vergangenheit der Schwesterstädte, war noch, die
mit grossartiger Prachtentfaltung sowohl von Seite
des Hofes wie der Magnaten, und unter dem Zu-
sammenströmen einer immensen Volksmenge, gefeierte
Krönung Franz Josef I. zum Könige von Ungarn :
am 8. Juni 1867. Der eigentliche Krönungsakt gieng
in der Marienkirche der Festung vor sich, auf die
Krönung folgte der Ritterschlag der Ritter vom goldenen Sporn in der Garnisonskirche, dann folgte der
feierliche Zug der Würdenträger des Landes und des
gekrönten Königes (zu Pferde) nach Pest, wo die feierliche Eidesleistung und die historischen Schwert-
hiebe nach den vier Weltgegenden stattfanden. Die
Zeit der Krönung fast ununterbrochen tagenden
Landtage die Comentration des ganzen Verwaltungs-
organismus der ungarichen Länder in Pest-Ofen vereint mit dem materiellen Aufschwunge des Landes
bewirkten in den letzten 3 Jahren ein derartiges Emporblühen besonders Pests dass dessen Wachsthum
fast ar amerikanische Städte erinnert, während es im
Jahre 1780 nur 16,746 Einwohner zählte, betrug die Bevölkerung 1847 bereits 100,617. Gegenwärtig dürfte die

Bewohnerzahl Pest's 200,000 nahezu erreicht haben,
mit etwa 6000 Häusern. Pest zerfällt gegenwärtig in
die i n n e r e Stadt, der eigentlichen Altstadt und
vier Vorstädte : Die L e o p o l d s t a d t, der neueste
und best gebaute Theil der Stadt, mit meist 2—3
stockhohen ansehnlichen Häusern, in modern antiki-
sirendem Stile gebaut. Die T h e r e s i e n s t a d t.
der bevölkertste Stadttheil mit zahlreicher Juden-
bevölkerung, die F r a n z- und J o s e f s t a d t. meist
ebenerdige weit ausgedehnte Häuser, mit zahlreichen
Gärten und unausgebauten Hausstellen. Die Stadt
bedeckt einen Raum von 1370 Joch (á 1200 ☐ Klafter)
und hat in ihrer grössten Ausdehnung, dem Donaustrom entlang, eine Länge von ungefäkr ½ deutsche
Meile. Ofen besteht gegenwärtig aus der Festung und
5 Forstädten : Wasserstadt Landstrasse, Neustift,
Raizenstadt, Christinenstadt und Altofen, auf einem
Flächenraume von 650 ☐ Joch mit etwa 60,000 Einwoh-
nern, ausschliesslich der zahlreichen Garnison.

Die Bevölkerung von Budapest gibt in ihrem
bunten Gemisch ein treues Bild der Bevölkerung des
Landes. Ungarn, Deutsche, Slaven, Romänen, Serben,
Griechen, Armenier und zahlreiche Israeliten bilden
ein chaotisches Sprachen- und Racengemenge, aus
dem jedoch hauptsächlich zwei Nationalitäten hervorra-
gen : die Ungarn nnd Deutschen. Während früher,
noch am Anfange des Jahrhunderts, die deutsche
Bevölkerung die weitaus überwiegende war, gewinnt
in den letzten Dezenien das Magyarenthum mehr und
mehr das Uebergewicht. Aufgehalten wurde dieser
Process nur in den 50-ger Jahren, durch die gewalt-
samen Germanisirungsexperimente des Bach'schen
Systems. Seit jedoch Ungarn wieder in den Besitz

seiner alten Rechte gelangte, und das Ungarische wieder Sprache des Amtes und der Oeffentlichkeit wurde, vollzieht sich die Magyarisirung Pest's mit grosser Schnelligkeit, namentlich die jüngere Generation, auch der deutschen Familien, bedient sich vorzugsweise der ungarischen als Conversationssprache.

Das National-Museum.

(Landstrasse.)

Den ersten Gedanken zur Gründung dieses Institutes verdanken wir dem um die nationale und Culturentwicklung Ungarns hochverdienten Grafen Franz Széchenyi, (Vater des grossen Stephan Széchenyi) der im Jahre 1792 den Entschluss fasste, eine grossartige Bibliothek zu sammeln und diese der Nation zu schenken. Der edle Graf sammelte unermüdlich Bücher Manuscripte, Wappen, Siegel, Münzen etc. und im Jahre 1802 schenkte er diese kostbare Sammlung der Nation. Im Jahre 1809 fügte er dieser Schenkung noch seine, aus 9200 Bänden und 6000 Karten etc. bestehende Handbibliothek bei. Diese ersten Sammlungen wurden im Seminärgebäude untergebracht. 1804 flüchtete man dieselben vor den Franzosen nach Temesvár und 1809 nach Grosswardein, um sie im darauffolgenden Jahre wieder zurück zu transportiren.

Im Jahre 1807 fasste der Palatin Josef den Gedanken eines zu errichtenden Museums, das ausser der Nationalbibliothek auch eine Sammlung von Alterthümern, Natur- und Kunstprodukten des Landes umfassen sollte, und brachte den Plan vor den Landtag, der von jedem Steuergulden einen Groschen für den Fond des Museums bestimmte und dasselbe unter den Schutz des Landes stellte. In den darauffolgenden Jahren 1808—13 vermehrten sich die Sammlungen durch Schenkungen der Fürsten Grassalkovics, Grafen Szapáry's und des Palatin's (Pray's und Kovachichs Bibliothek). 1813 wurde vom Grafen Ant. Batthyányi der Grund geschenkt, auf dem das Gebäude steht. Die Sammlungen vermehrten sich rasch durch Schenkungen und Käufe; die bedeutendste Erwerbung war die der Sammlungen N. Jankovics's für 125,000 Gulden (Bücher Manuscripte, Münzen, Alterthümer etc.)

Johann L. Pyrker, Erzbischof von Erlau, (als deutscher Ependichter bekannt) schenkte 1836 seine Gemäldesammlung. 1838 wurden die Münzsammlungen von Veszerle und F. Kiss erworben

Es war natürlich, dass bei so raschem Zuwachs die Gebäude, wo die Sammlungen bis dahin aufgestellt waren, zu eng wurden, der Landtag von 1836 beschloss daher den Bau eines eigenen würdigen Gebäudes, zu welchem 100,000 Gulden votirt wurden, die der Adel beisteuerte, welcher Betrag jedoch bei der Ansführung um 100,000 Gulden überschritten wurde. Da nun der durch freiwillige Beiträge aufgebrachte Museumsfond nur 150,000 fl. beträgt, so hat das Museum fast gar keine Revenuen und ist daher Manches in der inneren Einrichtung bis heute nicht fertig und ein grosser Theil der Sammlungen wegen Mangel an Kästen nicht aufgestellt. Der politische Umschwung der letzten Jahre, scheint jedoch auch diesem Institute zu Gute zu kommen, vor kurzem wurde der namentlich als Archärlog geschätzte vaterländische Gelehrte und Staatsmann Franz von Pulsky an die Spitze des Institutes berufen und bereitet sich eine intensive Thätigkeit in Umordnung und Aufsteugerung sowohl der Sammlungen wie der

Bibliothek vor. Die Sammlungen zerfallen in: die Bildergallerie. Bibliothek. Antiquitätensammlung und Naturalien-Kabinet. Das gegenwärtige Museumgebäude wurde von dem Pester Architekten Pollak in den 40-er Jahren erbaut, seine Hauptzierde bildet die in schönen Verhältnissen gehaltene, auf acht cannelirten Säulen ruhende Frontispice mit plastischem Schmuck (Pannonia Gaben austheilend) vom Bildhauer Wagner in München.

Von der grossen Frertreppe gelangt man über die aus weissem Marmor gebaute Hauptrepe in den Prunksaal, in welchem gegenwärtig die Sitzungen des Oberhauses abgehalten werden. Das sich an diesen Saal anschliessende runde Kuppelgewölbe (Pantheon ist zur Aufnahme von Statuen) berühmter Ungarn bestimmt.

Die zur Ausschmückung des Treppenhauses projectirten Fresken, sind in Vorbereitung und wird die Ausmalung in der Weise geschehen, dass die Decke desselben mit allegorischen Figuren der Künste und Wissenschaften von Lotz geschmückt wird, während der sich unter der Decke hinziehende Friesstreiten von M. Than mit Darstellungen hervorragender Momente ungarischer Geschichte von den ältesten Zeiten bis zur Gegenwart versehen wird,

Zu den einzelnen Sammlungen übergehend beginnen wir mit:

a) Die Bildergallerie.

Geöffnet Dienstag und Samstag von 9—1 Uhr, ausserdem gegen Anmeldung beim Custos.

In der zweiten Etage des Gebäudes im linken Flügel, umfasst 6 Sääle und ein Cabinet.

1. SAAL.

Historische Portraits.

1. **Unbekannter Meister:** Susanna Lorantfy, Gemalin Georg Rákóczy I. 2. **Unbekannt.** Siegfried Kollonits Feldherr. 3. **Unbekannt.** Kristof Nitzki, Kammer-Präsident. 4. **Unbekannt.** Graf Fekete, Landesoberrichter. 5. **Unbekannt.** Georg Paschgall, Pe-

3

ster Bürger und Stadtrath. 6. **Unbekannt.** Graf J.
Guadányi, General und Volksdichter. 7. **Borsos Josef.** Fürst Paul Eszterházy. 8. **Unbekannt.** Stefan
Marczibányi. 9. **Rieder August.** Demetrius Görög
von Tomova. 10. **Unbekannt.** Josef Rákóczy's Jugendportrait. 11. **Füger Friedrich.** Johann Bacsányi Dichter. 12. **Gruber Adam.** Josef Kluch Bischof
v. Neutra. 13. **Unbekannt.** Angebliches Bildniss Ladislaus Hunyady's. 14. **Pesky Johann.** Nikolaus Jankovich Archeolog. 15. **Pecz Heinrich.** Dr. Friedrich
Gross, Arzt und berühmter Chirurg. 16. **Unbekannt.**
Graf Karl Zichy. 17. **Pesky Johann.** Josef Bajzáth
Bischof von Veszprim. 18. **Richart.** Graf Nikolaus
Pálffy Palatin. 19. **Richart.** Graf Paul Pálffy Palatin.
20. **Donát Johann.** Graf Josef Eszterházy Obergespan von Zemplin. 21. **Wolluhoffer Johann.** Graf
Josef Majláth Kämmerer. 22. **Kovács Mich.** Graf
Stefan Széchényi (Copie nach Ammerling.) 23. **Mansfeld.** Graf Ludwig Széchényi (Copie nach Schrotzberg.) 24. **Kraft Peter.** Portrait Erzherzog Karl. 25.
Richter Johann. Francz Rákóczy II. 26. **Richter
Johann.** Gemalin Franz Rákóczy II. Fürstin Amalia
von Hessen Darmstadt. 27. **Unbekannt.** Maria Tochter Ludwigs des Grossen, Gemalin König Sigmunds.
28. **Unbekannt.** Graf Franz Nádasdy Landesoberrichter. 29. **Grimm Rudolf.** Ladislaus Palóczy Alterspräsident des 1861-er Reichstages. 30. **Donát Johann.** Francz Kazinczy Schriftsteller. 31. **Donát Johann.** Benedikt Virág, Dichter und Geschichtschreiber. 32. **Miklósy Josef.** Johann Kovács, Erzieher
Kaiser Ferdinand. V. 33. **Brocky Karl.** Lazar Mészáros Kriegsminister des 1848-er Ministeriums. 34.
Brocky Karl. Georg Kmety, General der Ung. Armee 1848. 35. **Kubinyi Geza.** Stefan Horváth Geschichtsforscher und Bibliothekar des Museums. 36.
Einsle Anton. Johann Ladislaus Pyrker Erzbischof
von Erlau. 37. **Einsle Anton.** Gabriel Döbrentei Secretär der Ung. Akademie. 38. **Egger Wilhelm.**
Franz v. Bene, berühmter Arzt und Univ. Professor.
39. **Riedler.** Alexander Rudnay Cardinal-Primas von
Ungarn. 40. **Donát Johann.** Graf Johann Csáky Bi-

schof. 41. **Barabás Nikolaus.** Johann von Gosztonyi, General. 42. **Unbekannter M.** Paul Széchenyi, Erzbischof von Kalocsa. 43. **Wenki Johann.** Graf Stefan Illésházy. 44. **Orlay Sam.** Ludwig Tormássy Oberarzt des Békéser Comitates. 45. **Pélésselly** Fürst Josef Bathyány Cardinal-Primas von Ungarn. 46. **Donát Johann.** Ludwig Mitterpacher Naturforscher. 47. **Unbekannt.** König Mathias Corvinus. 48. **Pesky Johann.** Peter Kubinyi Archeolog. 49. **Unbekannt.** Graf Franz Nádasdy Banus von Croatien. 50. **Schoen Ivan.** Paul Eszterházy von Galantha Palatin von Ungarn. 51. **Unbekannt.** Graf Stefan Koháry Landesrichter.

II. SAAL.

Gallerie ungarischer Künstler.

1. **Than Mor.** Heilige Cäcilia. 2. **Zichy Michael.** Trauernde Mutter an der Leiche ihres Kindes. 3. **Zichy Michael.** Kreuzabnahme Christi. 4. **Borsos Josef.** Kristof Hegedüs als Matrose. 5. **Kiss Valentin.** Johann Pethes zur Galeere verurtheilt, nimmt Abschied von seiner Tochter im Kerker von Leopoldstadt. 6. **Teleky Blanka, Gräfin.** Thomiris Königin der Scythen als Besiegerin König Cyrus (Copie nach Rubens.) 7. **Canzi August.** Weinlesefest in der Gegend von Waitzen. 8. **Weber Heinrich.** Krönung Ferdinand V. in Pressburg. 9. **Krafft Peter.** Krönung Kaiser Franz I. zum König von Ungarn. 1792. 10. **Madarász Victor.** Helene Zrinyi vor dem Inquisitionsgerichte in der Festung Munkács. 11. **Than Mór.** Medor und Angelica, (Geliebte Orlandos) schreiben ihre Namen an die Wand der Grotte, dem Ort ihres Stelldicheins; Der rückkehrende Roland diese Zeichen sehend verfällt in Raserei, erschlägt sein Pferd, reisst sich die Rüstung vom Leibe und zerschmettert die ihm im Wege stehenden Bäume. (Aus Ariost „Rasendem Roland.") 12. **Weber Heinrich.** Ruhende Löwen. 13. **Székely Bartholomäus.** Auffindung der Leiche Ludwig II. auf dem Schlachtfelde von Mohács im Jahre 1526. 14. **Székely Bartholomäus.** Die Erlauer Weiber nehmen Theil an der

Vertheidigung ihrer Vaterstadt gegen die Türken. 15.
Krafft Peter. Niklas Zrinyi's Ausfall aus der Fe-
stung Szigetvár. 16. **Barabás Nikolaus.** Die Ankunft
der Braut. 17. **Kovács Michael.** Sebastian Tinódy.
Ungarischer Rhapsode. 18. **Greguss Johann.** Nach
Tische. 19. **Marasztoni Jakob.** Venetianische Was-
serträger. 20. **Donát Johann.** Porträt Georg H.
Percz's. 21. **Barabás Nikolaus.** Feierliche Grund-
steinlegung der Pest-Ofner Kettenbrücke. 22. **Barabás Nikolaus.** Bildniss einer 100-jährigen Frau. 23.
Kovács Michael. Porträt des 114-jährigen Ladislaus
Farkas. 24. **Brocky Karl.** Studienkopf. 25. **Schäffer
Bela.** Geräthe und Gefässe des Königs Mathias Cor-
vinus im Rathause zu Wiener-Neustadt. 26. **Marasztoni Jakob.** Griechin. 27. **Szamossy Alex.** Heilige Jungfrau. 28. **Haan Anton.** Lesender Mann bei
Kerzenbeleuchtung. 29. **Marasztoni Jakob.** Einsiedler. 30. **Tikos Albert.** Mutter ihr Kind fütternd.
31. **Székely Bartholomäus.** Michael Dobozy auf der
Flucht von den Türken ereilt, ersticht sein Weib auf
deren eigenen Wunsch. 32. **Brocky Karl.** Ruhende
Nymphe. 33. **Brocky Karl.** Die Hochzeit zu Kanaan
(Copie nach Paul Veronese.) 34 **Brocky Karl.** Amor
und Psyche. 35. **Wagner Alexander.** Titus Dugo-
vics stürzt sich mit dem türkischen Fahnenträger,
der eben im Begriffe steht, die türkische Fahne auf
den erstiegenen Wällen aufzupflanzen in die Tiefe.
(Bei Gelegenheit der Belagerung Belgrads durch die
Türken.) 36. **Than Moritz.** Des Sonnengottes Liebe
zur Fata Morgana. 37. **Székely Bartholomäus.** Die
Schlacht bei Mohács. 38. **Than Moritz.** Gefangen-
nahme Pekry's und Nyári's durch die Türken, bei
Szolnok. 39. **Madarász Victor.** Die Mutter des hingerichteten Ladislaus Hunyady und seine Braut Maria Gara an der Leiche desselben. 40. **Heinrich
Eduard.** Ein Alterthumsforscher. 41. **Haan Anton.**
Leda mit dem Schwane. 42. **Kovács Michael.** Ita-
lienische Mutter mit ihrem Kinde. 43. **Madarász
Victor.** Peter Zrinyi und Kristof Frangepan's letzte
Unterredung vor ihrer Hinrichtung zu Wiener-Neustadt. 44. **Than Moritz.** König Emmerich nimmt sei-

nen parteigängerischen Brüder Andreas gefangen 1204·
45. **Orlay Samuel.** Felician Zach, erbittert über die
Schändung seiner Tochter **Klara**, dringt in das Gemach des Königs Karl Robert, wird aber durch Johann
Cselley zu Boden geschmettert. 46. **Than Moritz.**
Scene aus Emerich Madáchs' „Tragödie des Men-
schen.‘ 47. **Molnár Josef.** Dezső opfert sein Leben
für König Robert. 48. **Than Moritz.** Rekrutenaus-
hebung. 49. **Benczur Julius.** Abschied Ladislaus Hunyady's vor seiner Hinrichtung. 50. **Molnár Josef.**
Abrahams Auszug. 51. **Mányoky Adam.** Bildniss eines unbekannten Mannes. 52. **Mányoky Adam.** Bildniss eines unbekannten Mannes. 53. **Mányoky Adam.**
Bildniss eines unbekannten Mannes. 54. **Kupeczky
Johann.** Selbstportrait des Künstlers. 55. **Haan Anton.** Portrait Papst Pius IX.

III. SAAL.
Marko-Gallerie.

1. **Marko Karl.** d. ä. Diana auf der Jagd
mit ihren Nymphen. 2. **Marko Karl.** d. ä. Scene aus
Ladislaus Pyrkers „Perlen der Vorzeit.‘ 3. **Barabás
Nikolaus.** Walachische Familie. 4. **Marko Karl.** d.
ä. Aqua nera bei Rom. 5. **Ligeti Anton.** Ruine von
Theben. 6. **Karko Karl.** d. ä. Ruth und Boas.
(Unbeendet.) 7. **Marko Karl.** d. j. Salvator Rosa auf
einer Studienreise in den Appeninen. 8. **Marko Karl.**
d. j. Sonnenuntergang. 9. **Marko Karl.** d. ä. Kristus
am Kreuze. 10. **Marko Franz.** Ideale Landschaft.
11. **Brodszky Alexander.** Burg Saskő an der Gran.
12. **Marko Karl.** d. ä. Italienische Waldlandschaft.
13. **Marko Karl.** d. ä. Jakob und Esau (a tempera-
Skizze.) 14. **Marko Karl.** d. j. Ideale Landschaft.
15. **Marko Karl.** d. ä. Italienische Landschaft mit
Schnittern. 16. **Marko Karl.** d. ä. Der See von Nemi
im Albanergebirge. 17. **Marko Karl.** d. ä. Italienische Waldlandschaft. 18. **Szilassy Victor.** Metamor-
phose der Dryope und Apollos in eine Schildkröte
und Schlange. 19. **Keleti Gustav.** Urwald mit Hoch-
wild. 20. **Komlossy Franz.** Partie aus dem Bako-

nyer Walde. 21. **Komlossy Franz.** Partie aus dem
Thüringer Walde. 22. **Marko Karl.** d. ä. Ariadne
auf Naxos. 23. **Marko Karl.** d. ä. Taufe Christi im
Jordan. 24. **Marko Karl.** d. j. Waldlandschaft. 25.
Schäfer Adalbert. Stillleben. 26. **Marko Karl.** d.
ä. Diana und Endymion. 27. **Marko Andreas.** Rui-
nen eines Aquaeductes in der Römischen Campagna.
28. **Marko Katharina.** Ideale Landschaft. 29. **Marko
Franz.** Ideale Landschaft. 30. **Marko Karl.** d. ä.
Ideale Landschaft, (a tempera) Erstlingswerk des
Künstlers. 31. **Marko Karl.** d. ä. Ideale Landschaft.
(a tempera) Erstlingswerk des Künstlers. 32. **Marko
Karl.** d. ä. Seesturm mit Regenbogen. 33. **Munkácsy
Michael.** Gewitterlandschaft mit Feldarbeitern als
Staffage. 34. **Marko Karl.** d. ä. Italienische Land-
schaft mit Schnittern. 35. **Ligeti Anton.** Palermo
vom Kloster „al Jesu." 36. **Marko Karl.** d. ä. Chri-
stus in Emaus. 37. **Marko Karl.** d. ä. Badende
Nymphen. 38. **Marko Karl.** d. ä. Gegend von Tivoli.
39. **Marko Karl.** d. ä. Gegend in der Römischen
Campagna bei herannahendem Sturm. 40. **Marko
Karl.** d. ä. Die Karpathen von der Lomnitzer Spitze
(Erstlingswerk des Künstlers.) 41. **Marko Karl.** d. ä.
Panorama der Karpathen von Leutschau, (Erstlingswerk des Künstlers.) 42. **Marko Karl.** d. ä. Csorstin
und Nedecz (Erstlingswerk des Künstlers.) 43. **Marko
Karl.** d. ä. Die Karpathen von Lautsdorf aus. (Erstlingswerk des Künstlers.) 44. **Szentgyörgyi Johann.**
Blumen und Früchte. 45. **Orient Johann.** Landschaft mit Reisenden. 46. **Orient Johann.** Waldlandschaft. 47. **Marko Karl.** d. ä. Winterlandschaft. (Erst-
lings werk des Künstlers.) 48. **Sterio Karl.** Garkü-
che. 49. **Marko Karl.** Ideale Landschaft (Erstlings-
werkdes Künstlers.) 50. **Marko Karl.** d. ä. Ideale
Landschaft (Erstlingswerk des Künstlers.) 51. **Marasztoni Josef.** Bachantenzug (Grisaille).

IV. SAAL.
Italienische Schule.

1. **Gentil Bellino.** Catharina Cornaro Königin
von Cypern. 2. **Cima da Conegliano.** Maria mit dem

Kinde. 3. **Palma giovine.** Grablegung Christi. 4.
Schule des Bassano. Christus in Emaus mit den
beiden Jüngern. 5. **Girolamo da Treviso.** Johannes
der Täufer. 6. **Bonifazio di Venezia.** Heil. Familie mit dem heil. Johannes. 7. **Palma vecchio.** Die
heilige Familie, heil. Katharina und heil. Franziskus.
8. **Copie nach Giorgione.** Sybille mit dem Buche
der Weissagung. 9. **Pinturicchio.** Die heil. Jungfrau von Engeln umgeben. 10. **Bonifazio di Venezia.** Christus sinkt unter der Last des Kreuzes zu
Boden. 11. **Paolo Veronese.** Venezia auf dem Throne,
Neptun und Tritone legen ihr die Schätze des Mee-
res zu Füssen. 12. **Vinzenzo Catena.** Heilige Familie. 13. **Padovanino.** Venus und Minerva, dem Amor
die Augen zubindend. 14. **Bassano.** Die heil. drei
Könige, Christus verehrend. 15. **Palma vecchio.**
Weibliches Portrait. 16. **Paolo Veronese.** Portrait
des Venezianischen Heerführers Giustiniani. 17. **Palma giovine.** Der Leichnahm Christi von zwei Engeln getragen. 18. **Filippo Furini.** Ein Mann und eine
Frau pflegen einen Krieger. 19. **Tiepolo.** Verklärung
Mariae. 20. **Pier da Cosimo.** Die heil. Jungfrau
mit dem Kinde. Jesus reicht der h. Catharina einen
Ring. 21. **Annibale Caracci.** Männliches Portrait.
22. **Tintoretto.** Männliches Portrait. 23. **Schule
der Guido Reni.** David mit dem Haupte Golliaths.
24. **Tintoretto.** Männliches Bildniss. 25. **Tiziano
Vecelli.** Eine junge Nonne. 26. **Alte Copie nach
Tizian.** Büssende Magdalena. 27. **Leonardo da Vinci.** Männliches Bildniss. 28. **Venetianische Schule.**
Christus und der ungläubige Thomas. 29. **Bernardino Strozzi.** Betende Frau. 30. **Schule Rafael
Sanzio's.** Heil. Familie. 31. **Tiziano Vecelli.** Zwei
Blinde (Erstlingswerk des Meisters.) 32. **Alte Copie
nach Tizian.** Heil. Maria mit dem Kinde und heil.
Magdalena. 33. **Lorenzo Lotto.** Männliches Bildniss.
34. **Carlo Dolce.** Christus Wein und Brod segnend.
35. **Gian Bellini.** Bildniss des Venetianischen Dogen Barberigo. 36. **Orazio Vecelli.** Portrait. 37. **Andrea Schiavone.** Heil. Jungfrau mit dem Kinde. 38.
Baldassare Franceschini. Die Tochter Pharao's fin-

det Moses. 39. **Pordenone.** Evangelist Mathäus. 40.
Pordenone. Evangelist Johannes. 41. **Pordenone.**
Anton von Padua. 42. **Padovanino.** Artemisia, die
Schwester und Gemalin des Königs Mausolus trinkt
die Asche des geliebten Mannes. 43. **Bonifazio di
Venezia.** Heilige Familie und heil. Rosalia. 44. **Alte
Copie nach Palma vecchio.** Heil. Katharina. 45.
Unbekannt. Anton von Padua. 46. **Unbekannt.** Ein-
siedler mit Kruzifix. 47. **Schule des Paris Bordone.**
Männliches Bildniss. 48. **Giulio Romano.** Studien-
kopf. 49. **Santa Croce.** Heil. Josef und Johannes
der Täufer. 50. **Bologneser Schule.** Jungfrau Maria. 51. **Unbekannt.** Heil. Maria mit dem Kinde und
heil. Johannes. 52. **Ricci Felice.** Kreuzabnahme
Christi. 53. **Parmegianino.** Das Kind Jesus und heil.
Johannes. 54. **Guercino.** Heiliger Sebastian. 55. **Bag-
nacavallo.** Heilige Familie. 56. **Garofalo.** Heilige
Jungfrau mit dem Kinde. 57. **Piazetta.** Der heil. Pe-
regrin mit dem Wander stabe. 58. **Italienische
Schule.** Männliches Bildniss. 59. **Giorgione.** Weibliches Bildniss. 60. **Paris Bordone.** Heil. Rosalia.
61. **Santa Croce.** Heilige Justina. 62. **Tiepolo.** Gott
Vater. 63. **Italienische Schule.** Kreuztragender
Christus. 64. **Pordenone.** Evangelist Markus. 65.
Pordenone. Evangelist Lukas. 66. **Pordenone.** Heil.
Bernhard. 67. **Unbekannt.** Christus vom heil. Jo-
hannes gekreuzigt. 68. **Ludovico Caracci.** Knabe
mit einem Apfel. 69. **Venezianische Schule.** Der
Welterlöser. 70. **Padovanino.** Weibliches Bildniss.
71. **Lombardische Schule.** Christuskopf. 72. **Marco
Basaiti.** Weibliches Bildniss. 73. **Angelo Bronzino.**
Venus und Amor. 74. **Lombardische Schule.** Jung-
frau Maria. 75. **Unbekannt.** Cruzifix. 76. **Pietro
Belotti.** Parze den Lebensfaden durchschneidend. 77.
Venetianische Schule. Weiblicher Studienkopf. 78.
Unbekannt. Weibliches Bildniss. 79. **Pietro Vecchio.**
Männliches Bildniss. 80. **Tiziano Vecelli.** Mater do-
lorosa. 81. **Guercino.** Heil. Petrus. 82. **Claude Lor-
rain.** Landschaft mit Ruinen. 83. **Claude Lorrain.**
Landschaft. 84. **Lorenzo Lotto.** Zwei weibliche Köpfe.
85. **Guido Reni.** Maria unter dem Kreuze, mit dem

Leichname Christi, Maria Magdalena, Maria Salome und Josef von Arimathia. 86. **Polidoro Lanzani.** Die heil. Familie mit der heiligen Rosalia. 87. **Amalteo Pomponio.** Apostel Paulus.

V. SAAL.
Deutsche und italienische Schule.

1. **Hans Memling.** Kreuzigung Christi. 2. **Mich. Wohlgemuth.** Jungfrau Maria. 3. **Andreas Fischer.** Das Innere eines Kerkers mit Doppelbeleuchtung des Mondes und einer Lampe. 4. **Schule Rubens.** Bildniss eines alten Mannes. 5. **Lucas Cranach.** Verlobung der heil. Katharina. 6. **Lucas Van Leyden.** Lucretia. 7. **Unbekannt.** Arme Familie, einer antik gekleideten Frau einen Trunk reichend. 8. **Hans Holbein.** d.j. Bildniss einer Jungfrau. 9. **Hans Holbein** d. ält. Bildniss eines deutschen Ritters. 10. **Bauern-Breughel.** Trinkender Alter mit seinem Weibe. 11. **Hamilton Joh. Georg.** Todte Gemse. 12. **Georg Geldrop.** Männliches Brustbild. 13. **Georg Geldrop.** Weibliches Brustbild. 14. **Niederländische Schule.** Männliches Bildniss. 15. **Unbekannt.** König Ludwig II. v. Ungarn und seine Schwester Maria Königin v. Böhmen. 16. **Lucas Cranach.** Heil. Maria mit dem Kinde. 17. **Lucas Cranach.** Herodes mit dem Haupte des heil. Johannes. 18. **Kristof Amberger.** Männliches Bildniss. 19. **Schule Cranach's.** Judith. 20. **Unbekannt.** Bildniss eines Mannes in spanischer Tracht. 21. **Unbekannt.** Zwei betende Alte. 22. **Niederländische Schule.** Christus vor Pilatus. 23. **Unbekannt.** Portrait Calvins. 24. **Hans Holbein.** d. jüng. Portrait Ferdinand I., deutschen Kaisers und Königs von Ungarn. 25. **Unbekannt.** Jungfrau Maria. 26. **Holländische Schule.** Holländische Musikanten. 27. **Unbekant.** Portrait Kaiser Karl V. 28. **Lucas Cranach.** Altes Weib einen jungen Mann liebkosend. 29. **Altdeutsche Schule.** Weibliches Bildniss. 30. **Franz Porbus.** Kindertaufe. 31. **Franz Porbus.** Betende Familie. 32. **Lucas Cranach.** Alter Mann ein junges Mädchen liebkosend. 33. **Lucas Cranach.** Alter Mann ein junges Mädchen liebkosend. 34. **Antonis**

de **Moor**. Maria die katholische, Königin von England. 35. **August Quesnel**. Guitarrespielerin. 36. **Hans Holbein**. d. jüng. Weibliches Bildniss. 37. **Unbekannt**. Portrait Hans Holbeins. 38. **Anton Van Dyck** Portrait eines Mönches. 39. **Holländische Schule**. Christus im Kerker. 40. **Flammändische Schule**. Bildniss eines jungen Mannes. 41. **Anton Van Dyck**. Geharnischter Ritter. 42. **Unbekannt**. Studienkopf (Wachsmalerei.) 43. **Unbekannt**. Studienkopf (Wachsmalerei.) 44. **Unbekannt**. Bildniss eines Ritters. 45. **Alte spanische Schule**. Die menschlichen Leidenschaften. 46. **Giulio Carpioni**. Sündfluth. 47. **Carlo Farinati**. Das Wunder mit den Broden und Fischen. 48. **Unbekannt**. Heil. Franziskus mit einem Todtenschädel. 49. **Bassano**. Portrait Paul Veroneses. 50. **Vittore Carpaccio**. Bildniss zweier Männer. 51. **Unbekannt**. Junger Mann mit einem Hunde an der Leine. 52. **Francesco Albani**. Nymphe und Faun. 53. **Venetianische Schule**. Weibliches Bildniss. 54. **Unbekannt**. Bachus und Satyr. 55. **Luca Giordano**. Märtyrer. 56. **Unbekannt**. Heil. Jungfrau. 57. **Schule Tizian's**. Christus und die Samaritanerin am Brunnen. 58. **Giovanni Lampi**, d. ält. Cupido den Bogen spannend. 59. **Schule Tizian's**. Maria mit dem Kinde und heil. Franziskus. 60. **Giorgio Lazzarini**. Josef in der Gefangenschaft dem Mundschenke und Mundbäcker des Pharaonen, den Traum deutend. 61. **Schule des Bassano**. Christus im Hause der Martha. 62. **Venetianische Schule**. Herzog Stefan v. Ungarn, Sohn des Königs Andreas II. und der Beatrix. 63. **Unbekannt**. Schlafender Amor. 64. **Unbekannt**. Heil. Hieronymus, vor dem Kreuze kniend. 65. **Copie nach Guido Reni**. Der Erlöser. 66. **Schule des Schidone**. Schlafender Amor. 67. **Luca Giordano**. Hercules die Centauren besiegend. 68. **Neuere Copie**. Männliches Bildniss. 69. **Peter Brandel**. Portrait des Moldauischen Fürsten Aron. 70. **Unbekannt**. Portrait Tintoretto's. 71. **Unbekannt**. Thomasina Maurocona Wittwe König Stefan V. von Ungarn mit ihrem Sohne dem späteren Andreas III. von Ungarn. 72.

Giovanni Lampi. Weibliches Bildniss mit Köcher und Bogen. 73. **Johann Höck.** Heilige Familie. 74. **Schule des Dominichino.** Ruhe der heil. Familie, auf der Flucht nach Egypten. 75. **Palma Vecchio.** Weibliches Bildniss. 76. **Copie nach Rafael Sanzio, angeblich ivon Rafael Mengs.** La „Madonna della sedia.“ 77. **Unbekannt.** Heilige Maria mit dem Kinde dem heil. Josef und heil. Catharina. 78. **Unbekannt.** Maria mit dem Kinde, und heil. Franziskus. 79. **Bartolomeo Letterini.** Christus und der Pharisäer mit dem Zinsgroschen. 80. **Bartolomeo Letterini.** Christus und heil. Petrus mit dem Fische. 81. **Girolamo Brusaferro.** Heil. Michael. 82. **Andrea Appiani.** Evangelist Johannes. 83. **Schule Tintoretto's.** Heiliges Abendmahl. 84. **Giulio Carpioni.** Die Leiche Leanders von Nymphen getragen. 85. **Giulio Carpioni.** Bachanale mit Satyren. 86. **Bernardino Strozzi.** Verehrung der heil. Jungfrau. 87. **Unbekannt.** Christus Abschied von Maria. 88. **Carlo Maratti.** Heil. Jungfrau mit dem Kinde. 89. **Unbekannt.** Heil. Catharina vom Märtyrertode gerettet. 90. **Unbekannt.** Constantin und Helena. 91. **Giovanni Tiepolo.** Tod des heil. Hieronymus. 92. **Copie nach Corregio.** Weibliches Bildniss. 93. **Salviati.** Der heilge Bernhard ermahnt seine Schwester. 94. **Salviati.** Der heil. Bernhard vor Papst Eugen IV. und zwei Cardinälen. 95. **Unbekannt.** Christus und Johannes. 96. **Michelangelo Cerquozzi.** Volk um einen Guckkasten versammelt. 97. **Venetianische Schule.** Johannes der Täufer. 98. **Unbekannt.** Ferdinand I. deutscher Kaiser und König von Ungarn. 99. **Eustach Le Sueur.** Moses führt die Israeliten durch das rothe Meer. 100. **F. G. Rugendas.** Panduren aus dem 17-ten Jahrhundert. 101. **M. J. Schinnagel.** Landschaft. 102. **M. J. Schinnagel.** Landschaft. 103. **Johann Van der Meer.** Karavane vor dem Thore einer Seestadt. 104. **Alfons C. Dufresnoy.** David und Goliath. 105. **Unbekannt.** Diana und ihre badenden Nymphen von Actäon überrascht. 106. **Hermann Schwanewelt.** Abendlandschaft mit ruhenden Hirten und Heerden. 107. **Rosa di Tivoli.**

Ziegen und Kühe. 103. **Rosa di Tivoli.** Ziegen. 109.
Jakob Van der Burg. Ruinen am Meeresstrande.
110. **August Querfurt.** Landschaft. Reiter vor einer
Schänke. 111. **August Querfurt.** Landschaft. Reiter
vor einer Schänke. 112. **August Querfurt.** Landschaft mit Pferden und trinkenden Reitern. 113. **Bartolomeus Spranger.** Heil. Katharina, mit Buch und
Palmenzweig. 114. **Cornelius Saftleewen.** Kinderporträt. 115. **Cornelius Saftleewen** Kinderporträt.
116. **Richard Brackenburg.** Zechende Gesellschaft.
117. **Richard Brackenburg.** Zechende Gesellschaft.
118. **Bamboccio** (Peter Laar). Landschaft mit aus-
ruhenden Wanderern. 119. **Van der Kabel.** Küchenstillleben mit Geflügel und Wild. 120. **Van der Hulst.**
Blummenstück. 121. **Unbekannt.** Jungfrau Maria
mit dem Kinde. 122. **Copie nach Teniers.** Versuchung des heil. Antonius, Einsiedler. 123. **Copie nach
Teniers.** Versuchung des heil. Antonius, Einsiedler.
124. **Filipp Wouwermann,** d. ält. Landschaft, Reisende ihre Pferde tränkend. 125. **Filipp Wouwer
mann,** der ält. Landschaft, Schmiede mit zu beschla-
genden Pferden. 126. **Unbekannt.** Reitergefecht. 127.
Menhard Hondeköter. Hahn und Henne. 128. **Schule
Rubens.** Soldaten und Frauen zechend 129. **Schalke.**
Seelandschaft. 130. **Joh. Etienne Liotard.** Sylen
mit Kindern (Grisaille.) 131. **Unbekannt.** Diana mit
ihrem Gefolge auf der Jagd. 132. **Krakker.** Bettlerin
mit einer Katze. 133. **Unbekannt.** Männliches Bildniss. 134. **Adrian Brouwer.** Zwei Männer in einer
Tabagie. 135. **Christian Schütz.** Inneres einer Kirche. 136. **Christian Schütz.** Inneres einer Kirche.
137. **Jakob Grimmer.** Frühlingslandschaft. 138. **Jakob Grimmer.** Sommerlandschaft. 139. **Jakob Grimmer.** Herbstlandschaft. 140. **Jakob Grimmer.** Winterlandschaft. 141. **Johann Van Goyen.** Seelandschaft.
142. **Roland Savery.** Gebirgslandschaft. 143. **Roland
Savery.** Flussufer mit Fischern. 144. **Bartolomeus
Breenberg.** Cephalus tödtet auf der Jagd seine Gattin Procris. 145. **Jan Aelst Evert.** Stillleben. 146.
Courtois-Bourguignon. Reitergefecht. 147. **Van der
Kabel.** Lebendes und todtes Geflügel 148. **Tempesta**

(Peter Molyn) Seesturm. 149. **Unbekannt.** Landschaft mit Ruinen und Wasserfall. 150. **Unbekannt.** Marter dolorosa. 151. **Unbekannt.** Evangelist Johannes. 152. **Unbekannt.** Heil. Margaretha und heiligen Elisabeth. 153. **Unbekannt.** Evangelist Johannes. 154. **Schule Mich. Wohlgemuth.** Legende des heil. Kristof. 155. **Schule Mich. Wohlgemuth.** Legende des heil. Mathias. 156. **Schule Mich. Wohlgemuth.** Die Ehebrecherin vor Christus. 157. **Unbekannt.** Kreuzigung Christi. 158. **Unbekannt.** Heil. Maria mit dem Kinde. 159. **Altdeutsche Schule.** Grablegung Christi. 160. **Altdeutsche Schule.** Verlobung der heil. Katharina. 161. **Unbekannt.** Kreuzigung Christi. 162. **Holländische Schule.** Christus bei Maria und Martha. 163. **Gianbettino Cignarolli.** Tod der Cato. 164. **Gianbettino Cignarolli.** Tod des Socrates. 165. **August Balthasar Albrecht.** Mutter mit ihrem Kinde. 166. **Tiepolo.** Geisselung Christi. 167. **Unbekannt.** Studirender Gelehrter. 168. **Gertrud Metz.** Obststücke. 169. **Gertrud Metz.** Früchte. 170. **Johann Carl Till.** Federwild. 171. **Johann Carl Till.** Hosentauben. 172. **Gerhard Honthorst.** Die heil. Familie auf der Flucht nach Egypten. 173. **Unbekannt.** Portrait Rembrandt's (Copie). 174. **Holländische Schule.** Heil. Petrus im Kerker. 175. **Unbekannt.** Portrait des Hussitenführers Ziska. 176. **Kristof Schwarz.** Geisselung Christi.

VI. SAAL.
Verschiedene Schulen.

1. **Jacopo Marieschi.** Der ermordete Doge Pietro IV. Candiani auf dem Platze Marcello in Venedig. 2. **Jacopo Marieschi.** Johann Grandenigo vertheilt auf dem Platze S. Giovanni in Bragona Almosen, um das Volk zu beruhigen. 3. **Unbekannter M.** Kirche Maria Rotonda (Pantheon) zu Rom. 4. **Holländische Schule.** Wandernde Zigeuner-Familie. 5. **Baz. Grundman.** Felsige Landschaft mit Brücke. 6. **Baz. Grundman.** Meierei. 7. **Baz. Grundman.** Meierei am Ufer eines Teiches. 8. **Baz. Grundman.** Seelandschaft mit Segelschiffen. 9. **Unbekannt.** Landschaft, Flussufer mit Felsgruppen. 10. **Unbekannt.**

Auffindung Moses im Nil. 11. **Canaletto.** Insel San Giacomo. 12. **Canaletto.** Insel Lazzaretto nuova. 13. **Canaletto.** Insel Sortona. 14. **Canaletto.** Insel Santa Seconda. 15. **Canaletto.** Insel Santa Ellena. 16. **Canaletto.** Insel San Francesco del deserto. 17. **Canaletto.** Insel San Andrea. 18. **Canaletto.** Insel St. Lazzaro. 19. **Canaletto.** Insel Madonna delle grazie. 20. **Canaletto.** Insel di Poveglia. 21. **Canaletto.** Insel San Spirito. 22. **Canaletto.** Insel St. Cristoforo di Murano. 23. **Antonio Canale.** Rialto Brücke in Venedig. 24. **Lorenzo Gramizia.** Danae den Goldregen erwartend. 25. **Liotard.** Portrait Maria Theresiae, Kaiserin und Königin von Ungarn. (Pastell). 26. **Francesco Fidanza.** Winterlandschaft mit Felsgruppen. 27. **Francesco Fidanza.** Neblige Seelandschaft. 28. **Salvator Rosa.** Meeresstrand. 29. **Schule Ant. Canale.** Römische Ruinen. 30. **F. Chilone.** Der Canal grande in Venedig 31. **F. Chilone.** Der Markusplatz in Venedig. 32. **Francesco Zuccarelli.** Sanct Romuald und Johann Gradenigo das Feld umgrabend und S. Orseolo betend. 33. **Francesco Zuccarelli.** S. Orseolo in Andacht versunken. 54. **Johann Drechsler.** Blumen. 35. **Sebastian Wegmayr.** Stillleben. 36. **Sebastian Wegmayr.** Stillleben. 37. **Sebastian Wegmayr.** Stillleben. 38. **Martin Van Meytens.** Maria Theresia auf dem Krönungshügel in Pressburg. 39. **Martin Van Meytens.** König Franz von Lothringen. 40. **Carl Tschaggeny.** Von der Kirmess heimkehrende flammändische Bauern. 41. **Friedrich Ammerling.** Schreibende Gelehrte. 42. **Nikolaus Barabás.** Franz Josef I. Kaiser von Österr. und König von Ungarn, (im J. 1853.) 43. **Alexander Wagner.** Elisabeth Kaiserin von Österr. und Königin von Ungarn. 44. **Nikolaus Barabás.** Erzherzog Albrecht von Oesterreich. 45. **J. F. Danhauser.** Atelier des Künstlers. 46. **J. F. Danhauser.** Ritter Wallstein wird von seinen Kriegern unter einer Eiche begraben. (Aus dem 8 Gesange von Pyrker's Rudolfias.) 47. **Genisson.** Inneres einer Kirche. 48. **Unbekannt.** Alexander der Grosse gibt Apelles seine Geliebte zurück. 49. **Luigi Querena.** Feierlicher Empfang des Pap-

stes vor der Kirche San Giovanni e Paolo in Venedig. 50. **J. F. Danhauser.** Ritter Walstein stürzt
sich in Gegenwart des Königs Ottokar in sein eigenes Schwert, aus Kränkung über die ihm zugefügte
Beleidigung (Rudolfias 8 Gesang.) 51. **J. F. Danhauser.** König Ottokar von Böhmen wirft im Turnier Kaiser Rudolf den Fehdehandschuh hin. (Rudolfias 4-ter Gesang.) 52. **J. F. Danhauser.** Der Einsiedler von Lilienfeld weissaget dem Kaiser Rudolf
die künftige Grösse des Hauses Habsburg, und haucht
seine Seele aus (Rudolfias 2-ter Gesang.) 53. **J. F.
Danhauser.** Letzter Kampf zwischen Kaiser Rudolf
und Ottokar. Letzterer wird von Ritter Marenburg ge-
tödtet (Rudolfias 8-ter Gesang.) 54. **K. Lux.** Stilleben, Globus Muscheln etc. 55. **K. Lux.** Stilleben,
Himmelglobus Muscheln etc. 56. **Unbekannt.** Maria
mit dem Kinde, heil. Johannes und heil. Katharina.
57. **Wilh. Egger.** Kaiser und König Franz I. im Ste-
fansordens-Kostüm. 58. **J. A. Mölckh.** Allegorische
Siegestrophae. 59. **Fried. Gauermann.** Viehtränke in
Oberösterreich. 60. **Karl Becker.** Dame und Page
aus dem 17-ten Jahrhundert. 61. **F. M. Granet.**
Kapuziner den Rosenkranz betend. 62. **Giorgio Du-
rante.** Geflügel. 63. **Eduard Wirostek.** Mönche von
St. Gotthard Vögel fütternd. 64. **Van Peter.** Mucius
Scaevola hält vor Porsenna seine Hand ins Feuer.
65. **Heinr. Bürkel.** Schmiede im Baierischen Ge-
birge. 66. **Franz Eibl.** Slowakischer Zwiebelverkäufer.
67. **F. J. Danhauser.** Studienkopf. 68. **F. J. Dan-
hauser.** Die Schläfer. 69. **Unbekannt.** Italienische
Landschaft mit Kirche. 70. **Unbekannt.** Adam und
Eva. 71. **Unbekannt.** Küchenstillleben. 72. **Unbekannt.**
Bekränzte Dame. 73. **Angelica Ferrel.** Blummen-
stück. 74. **Johann Dorfmeister.** Landschaft mit Rei-
tern. 75. **Nicolaus Barabás.** Portrait des Erzherzogs
Josef. 76. **Bonifazio di Venezia.** Sant Andreas und
Apostel Petrus. 77. **Unbekannt.** Einsiedler in einer
Grotte. 78. **Nicolaus Poussin.** Enthauptung des heil.
Johannes. 79. **Magiotto Domenico.** Bauernjunge. 80.
Paolo Farinati. Martyrium der heil. Katharina. 81.
Girolamo Romanino. Heil. Jungfrau mit dem Kinde.

VII. SAAL.

Künstler-Portraits.

1. **Rudolf Grimm.** Josef Joachim, Violinvirtuose. 2. **Alois Hora.** Portrait Josef Szentpétery's. 3. **Nikolaus Barabás.** Portrait des Claviervirtuosen und Componisten Franz Liszt. 4. **Josef Nickl.** Portrait des Szegediner Architekten J. Schvörtz. 5. **Nikolaus Barabás.** Portrait der Sängerin Rosalia Schodel. 6. **Johann Donát.** Selbstportrait des Künstlers. 7. **Franz Klimkovits.** Portrait des Historikers Ladislaus Köváry. 8. **Alois Györgyi.** Franz Erkel Componist und Musikdirector des ung. Nationaltheaters. 9. **Valentin Kiss.** Emerich Székely, Claviervirtuose. 10. **Michael. Kovács.** Portrait der Sängerin Lonovits-Hollósy. 11. **Josef Molnár.** Selbstportrait des Künstlers. 12. **Alois Hora.** Portrait des Malers Johann Müller. 13. **Karl Telepy.** Portrait der Schauspielerin Lina Bodenburg-Hegedüs. 14. **Jakob Marasztoni.** Selbstportrait des Künstlers. 15. **Nikolaus Barabás.** Portrait des Componisten Benjamin Egresy. 16. **Friederich Lieder.** Selbstportrait des Künstlers. 17. **Johann Mich. Hesz.** Portrait des Componisten Johann Fuss. 18. **Albert Tikos.** Selbstportrait des Künstlers. 19. **Johann Donát.** Portrait des Violinvirtuosen Bihari. 20. **Copie nach Schrotzberg.** Portrait des Malers Karl Marko des ält. 21. **Ludwig Latkóczy.** Portrait des Biharer Zigeunermusikers Karl Boka.

b) Antiquitäten-Cabinet,

im rechten Flügel des ersten Stockes, (geöffnet Montag von 9—1 Uhr, auserdem gegen Anmeldung beim Custos.)

1. Saal. Münzen.

In der Mitte des Zimmers Pulte mit den Münzen Ungarns, Siebenbürgens und der übrigen Kronländer, von der Zeit des heiligen Stefan bis zu unserer Zeit. Ringsherum befinden sich griechische, römische, byzantinische und andere ausländische Münzen und Medaillen.

II. Saal. Vorhistorische Denkmäler.

1. **Kasten**. Werkzeuge aus dem Alter des gespaltenen Steines, wovon 2 aus America, mehrere aus Frankreich und Deutschland und 3 aus Indien stammen; in Ungarn ist bisher nur ein Messer aus Feuerstein gefunden worden, das ebenfalls hier ausgestellt ist. Ebenda sind mehrere Beile und Bohrer aus den Schweizer Pfalbauten. Im oberem Theile wie auch im 2. **Kasten** sind Beile und Webegewichte die in Ungarn gefunden worden sind. Das schönste dieser ist von der Mogyorócskaer Puszta stammende Beil.

3. **Kasten**. Die sogenannten Reltan oder Palstäbe; einige derselben durch schöne Erhaltung oder aussergewöhnliche Form sehr interessant.

Der 4. **Kasten** enthält Schwerter und Lanzenspitzen aus der Bronzperiode, welche an Schönheit die der meisten Museen übertreffen. Im unteren Theile ist der Goldschmuck dieser Periode zu sehen, welcher in einigen Stücken besondere artistische Gewandtheit verräth.

Im 5. und 6. **Kasten** sind die sogenannten Armschienen, Fibulae, Schiralen, Beile, Sichel und Pferdegeschirr ausgestellt; im Auslande nur spärlich vorkommend, sind sie hier in den mannigfaltigsten Formen vertreten.

Im 7. **Kasten** sind Hippen, Nadeln, silberne Ringe, Armbänder und Fibulae aufgestellt.

Vor dem Fenster stehen zwei Räder und über dem 6. und 7. Kasten eine 3 Schuh hohe Vase, die grösste bisher bekannte dieser Periode, die auf der Törcker Puszta neben N.-Körös gefunden wurde.

III. Saal. Denkmäler aus Aegypten, Etrurien, aus der Römer- und Völkerwanderungszeit.

1. **Kasten**. Mittelalterliche und moderne Fälschungen römischer Statuetten.

2. **Kasten**. Interessante Bronzstatuetten, die in Ungarn häufig vorkommen, aus einer, auf die römische, folgenden Barbaren-Epoche.

3. **K a s t e n.** Aegyptische Gegenstände. Die interessantesten sind : ein ausgezeichnet schöner Apis aus Bronz, eine Schüssel und eine Vase (Oinochoe) mit Silber und Gold eingelegt, in Egyed im Oedenburger Comitat und eine Hieroglyphentafel in Alt-Ofen gefunden.

4. **K a s t e n.** Bronz und Marmorstatuetten aus der Römerzeit; bemerkenswerth sind die zwei pyramidalen Platten eines Tripos den Jupiter Dolichenius vorstellend aus Kömlöd, und der Schildnabel aus dem Biharer Komitat von vergoldetem Silber, hunnischer Zeit.

5. **K a s t e n.** Spiegel, Stempel, die berühmten Abrudbányaer Wachstafeln, Verkaufs-Contracte enthaltend, die Ehrentafeln, Abschied und Bürgerdiplome ausgedienter Soldaten, ein falscher Zopf einer Römerin.

6. **K a s t e n.** Römische Schlüssel, Schlösser, Löffel, Schalen und Gewichte.

7. **K a s t e n.** Bronz-Fibulae, Lampen, Vasen, Henkel und ein schöner Pferdefuss, Fragment einer Statue.

8. **K a s t e n.** Etrurische Statuetten, Vasen, der Gesteréder Fund; der Schildnabel hat die Form der fränkischen Schildnabel.

Die **K ä s t e n** 9, 10, 12, 13, enthalten rothe und schwarze Thongefässe, die grösstentheils in Steinamanger gefunden worden, Lampen und Fussboden-Mosaik.

Der 11. **K a s t e n** enthält den Pompejaner Fund, der in Gegenwart des Erzherzog Albrecht ausgegraben wurde.

Im 14, 15, 16, 17, 18. **K a s t e n** sind römische Glasgefässe, grösstentheils aus Steinamanger. Das schönste ist der Szegszárder Fund, ein Krug ist noch jetzt mit Honigwein gefüllt, schöne Armbänder aus Glas, Schminke in zwei Fläschchen. Im Pult in der Mitte des Zimmers sind assyrische und babylonische Siegel, ein Schmuck aus Silber und Gold von der Kunagotaer Puszta im Charackter der Bronzperiode, mit einer Münze Justinians gefunden. Daneben zwei

prachtvolle Armbänder aus später Römerzeit und eine
schöne Gold-Fibula mit Granaten. Ebenfalls in die
Zeit der Völkerwanderung gehört der Kalocsaer Fund,
Fibulae, Schnallen, Ohrgehänge, Haar- und Brust-
nadel aus Gold mit eingelegten Granaten und rothem
Glas, gilt in Frankreich für Merowingisch, doch ist
ein ähnlicher Schatz in Petrossa in der Walachei gefunden worden. Auf der anderen Seite sind römische
Silber-Fibulae, Ringe, eine schöne silberne Hand, gute
Arbeit, ein sehr seltener Bernsteinschmuck und Glas-
perlen.

IV. Saal. Waffensaal. Waffen von der Römerzeit bis zu unserem Jahrhundert.

Wenn diese Sammlung uns zwar nicht die
ganze Geschichte der Entwickelung der Waffen zeigt,
so hat sie doch einige sehr schöne und werthvolle
Stücke, die bisher sehr mangelhaft aufgestellt sind.
Links neben dem Eingange sind 3 kurze Römer-
Schwerte, und mehrere der Eisenperiode angehörend.
Vor diesen stehen zwei Tartschen aus der Türkenzeit
aus dem Raaber Stadthaus, an der Wand sind tarta-
rische und ungarische Armtrichte, Plaila und ein per-
sischer Schild. Rechts sehen wir Streit-Kolben, die
Kopie des Schildes Mathias Corvinus im „Musée de
l'Arsenal" in Paris; mehrere dreieckige lange Degen,
sogenannte Panzerstecher, mittelalterliche Schwerter
und Säbel. Die wichtigsten sind die Schwerter Gabr.
Báthory's und Kinizsi's (letzteres in Vásonykő in
seinem Grabe gefunden); ein prachtvoller Degen italienischer Arbeit vom Waffenschmiede Georgius Ghi-
zius zu Mantua im Jahre 1576 verfertigt, der Säbel
Selim Paschas vom Jahre 1758, des König Sigismund
des III. von Polen 1526, und der des Fürsten Johann
Kemény von derselben Siebenbürger Emailarbeit, wie
sein Sattel und Pferdezeug. Thurzó's Visirhelm aus
dem Arvaer Schloss, mehrere Burgunderkappen, die
im Auslande als ungarischen Ursprungs angesehen
werden. Das schönste der Gewehre ist, mit Elfenbein, Kupfer und grünem Email eingelegt, auf der

einen Seite, des Kolben mit der Vorstellung einer be-
lagerten Stadt, auf der anderen mit der einer Schlacht
verziert, mit dem Datum 1626. Beachtenswerth sind
die Pistolen aus Elfenbein mit einem Reiterskopf, die
dem General Laudon gehörten. Das schönste Stück
der Sammlung jedoch ist der prachtvolle Bourguignon-
Helm und der Schild aus dem 16. Jahrhundert, eine
Schlacht vorstellend, aus Kupfer getrieben und mit
Gold eingelegt. Wahre Prachtstücke sind noch die 3
schönen Elfenbein-Sättel mit Basreliefs aus dem altdeutschen Roman Gottfrieds von Strassburg, Tristan
und Isolde. Ringsum an den Wänden sind Hellebar-
den, Pertuisanen, Fokos, Dolche, Pferdegeschirr,
Sporn, Maschenpanzerhemden, Fahnen, unter anderen
die Franz Rákóczy's II., Abafy's und Keménys.

V. Saal. Denkmäler aus der Árpádzeit, aus der Zeit der Könige gemischter Dynastie und der Renaissance.

In den Kästen rechts sind Silber-Schüssel, Po-
kale, Uhren und Monstranzen. Die schönsten sind im
3. Kasten ein kristallener Becher italienischer Arbeit,
auf dessen Deckel ein Knabe auf einem Delphine
sitzend aus Email. Im 4. Kasten ein Pokal aus ge-
triebenem Gold die Geschichte des verlorenen Sohnes
vorstellend, vortreffliche Arbeit aus dem 16. Jahrhundert; das Gebetbuch der Kaiserin Eleonora und das
der Sophia Báthory, Gemahlin des Fürsten Georg
Rákóczy. Im 6. Kasten 2 schöne Messkannen von
durchbrochener Arbeit; eine Monstranz die Kaiser
Ferdinand der I. nach Maria-Cell schenkte. Im 7.
Kasten die Uhren der Kaiser Maximilian und Ferdinand. Im 16. Kasten ein prachtvoll emailirtes Spinett
deutscher Arbeit vom Jahre 1617. Im Pulte dieses
Kastens sind die Miniatur-Portraits des Franz Rákóczy II., des Königs Ludwig des II. und seiner
Schwester der Kaiserin Anna. Im 11. Kasten ist der
Vereber Fund, äuserst wichtig, da er die ältesten
Steigbügel aus dem 10. Jahrhundert enthält. Im 17.

Kasten sind die Denkmäler der Árpáds- und Anjou-
zeit; Aquamaniles, Kreuze, Elfenbein-Kästchen, die
Krone, das Scepter, Schwert und die Sporne des Königs Béla des III. Sehr schön sind die 8 Stücke der
Krone des byzantischen Kaisers Constantinos Mona-
machos aus emaillirtem Gold (email cloisonné.) Zwei
schöne Marmor-Madonnen, ausgezeichnete Emaildip-
ticha, französische Kämme aus dem 18. Jahrhundert
und die vorzügliche Holzschnitzerei die Geburt Christi
vorstellend, beinahe mikroskopischer Arbeit.

1. Pult. Prachtvoller ungarischer Schmuck,
Gold und Email, Broche, Gürtel, Ketten, Schnallen
etc. Bemerkenswerth ist das Kreuz des Primas Thomas
Bakács.

2. Pult. Siebenbürger Schmuck eigenthümlicher
Emailarbeit, serbische Altärchen, Schnallen, Schmuck.
Ungarische Ringe, Nadeln, Schnallen-Gürtel aus dem
16, 17, 18, 19. Jahrhundert, interessant ist die Per-
lenhaube der Sophie Báthory, Frau des Georg Rákóczy.

VI. Saal.

Rákóczyscher Familienkasten mit schöner in
Schildkröte und Elfenbein ausgeführter Rokoko-Arbeit.
In diesem Saale befinden sich 2 Kästen mit Siegeln;
die wichtigsten sind die Folgenden: Ein Siegel Geysa
II. aus Marmor, eine goldene Bulle des Kaiser Fer-
dinand, Siegel der siebenbürger Fürsten Franz Rá-
kóczy II. und Johann Kemény; die Siegel des 48-er
Ministeriums, Honvédsiegel, und die vieler Komitate,
Klöster und Körperschaften.

VII. Saal. Miscellanien.

Fünf Thorwaldsensche Modelle, Basreliefs in
Gyps, Scene aus dem Leben Jesus, und 3 Thaten des
Tobias zu Pisa. Türkische, chinesische und indische
Gegenstände, Fericrucem, Mosaiken, mittelalterliche
Schlüssel, eine Uhrensammlung von der Sanduhr bis
zum Chronometer, das Spinett der Frau des Stephan
Tököly, die Harfe der Maria Antoinette, die Leuchter,
die die Stadt Tata Franz Rákóczy 1666 schenkte. Die
grösste Porcellanschüssel, die in Europa gemacht
wurde, aus der Herender Fabrik.

VIII. Saal. Bildhauerwerke.

(Nach Vernehmen wird in diesem Saale ein Gyps-
Museum aufgestellt, und die Statuen in die verschiedenen Säle vertheilt.)

Römische Büsten, moderne Statuen, der Schäfer vom Bildhauer Izsó, Albert Pakhs Büste von demselben, Marko's Büste von Hans Gasser, die Statue
des Johann Bernemisza aus der Kaschauer Kirche, eine
Maria mit dem Kinde im Jahre 1528 verfertigt, aus
Kehlheimer Platte, ein letztes Abendmahl, deutsche
Arbeit aus demselben Steine.

---

c) Naturalien-Cabinet.

*im rechten Flügel des 2-ten Stockes. (Geöffnet jeden Donnerstag von
9—1 Uhr, ausserdem gegen Anmeldung beim Custos.)*

Der Saal links enthält die Säugethiere:

Ein junger asiatischer Elefant. Amerikanischer
Auerochse. Lithauischer Auerochse (Stier) ein Geschenk des Kaisers. Missouri und virginischer Hirsch.
Nubischer Steinbock. Gazelle, Antilope. Gemse aus den
ungarischen Karpaten, Zebra, Wildschwein, das häss-
liche Larvenschwein. Die charakteristischen ungarischen Wölfe und Bären. Schakals. Bastard eines
Wolfes und Schäferhundes. Weisser Fuchs. Unter
den Affen, ein sehr schöner Mandril, und ein Gue-
reza.

Unter den Katzen bemerken wir die grossen
tropischen Katzen, Prachtexemplare von bengalischen
Tiegern. Löwen, darunter ein Weibchen mit Familie,
dann wilde Katzen Ungarns, Luchse, die grosse bra-
silianische zahme Katze, ferner Gürtel- und Schuppen-
thiere, Stachelschweine, Haasen, Eichörnchen, und
Flughörnchen, Siebenschläfer, Murmelthiere, die Zie-
selmaus (Erdzeislein), die Wanderratte, schöne Maul-
wurfsvarietäten (weiss gefärbt), der Blindmoll (Spalax
typhlus), Dachse, Fledermäuse, darunter auch einige
tropische.

Rechts. I. Saal, ist den ungarischen Vögeln gewidmet, in [der Mitte befindet sieh ein grosser Schrank mit Vögeleiern und deren Nester, 2 Schränke mit Zuchthühnern.

II. Saal. Vögel, allgemeine systematische Sammlung. Schöne Strausse, schöne tropische Vögel, besonders bemerkenswerth die Sumpfvögel, von denen namentlich die amerikanischen vertreten. Den Glanzpunkt bildet in der Mitte ein Schrank mit gegen 200 Colibris nahezu die vollständigste derartige Sammlung.

III. Saal, ist mit Skeletten angefüllt. Von diesen ist hervorzuheben: Ein junger Elephant, Stier, Tiegerpferd, Hirsch, Gemse, Seehunde, Hunde, Löwe, Känguruhs, schöne Schildkrötenskelete, Hypopothamus und zahlreiche Zweihufer-Schädel. Sonderbar ist die Abnormität eines Kalbes mit 8 Füssen, 2 Brustkörben, und 4 Schulterblättern. Schöne Gavialköpfe.

IV. Saal, enthält Reptilien und Fische. Einheimische und tropische Eidechsen. Unter den Krokodilen ist ein schönes Nilkrokodil und ein Gangeskrokodil (Gavial). Besonders bemerkenswerth, eine grosse Sammlung von Schildkröten und eine bemerkenswerthe Schlangencollection, einheimische und tropische Arten.

Die vaterländischen Fische sind sehr unvollständig vertreten, desto mehr die fremdländischen; unter den ausgestopften Fischen sehen wir Prachtexemplare von Stören, Hausen, Thunfische, Schwertfische. Unter einem kleinen Glasschranke der merkwürdige fliegende Fisch.

V. Saal. In diesem kleinen, so wie im nächsten grösseren VI. Saale befindet sich das Herbarium bestehend aus der berühmten Kitaibelschen, Sadler'schen, Kovács, Albach'schen Sammlung. In letzterem Saal bemerken wir auch Obstsorten aus Wachs täuschend nachgeahmt. Hölzer mit alten Inschriften, eine schöne Sammlung australischer Hölzer (darunter mehrere wohlriechende), Blüthenschaft einer 100-jährigen Aloe, Pflanzenmonstrositäten u. s. w.

VII. Saal, enthält die urweltlichen Säuge-

thierreste in prachtvoller Erhaltungsweise, grosser
Auswahl und einer Vollständigkeit wie sie kaum ein
Museum aufzuweisen im Stande ist. Dieser Saal bil-
det den werthvollsten Theil des naturhistorischen
Cabinets, zahlreiche kostbare Unicas.

Reste von den diluvialen Elephanten, schöne
Schädel und Extremitätsknochen. Ein schöner voll-
ständiger Kopf mit den beiden Stosszähnen eines
jugendlichen Thieres; prachtvolle Mastodontenreste.
Das diluviale und das tertiäre Rinoceres, Dinotherien,
Anthracotherien, Tapire (Unicas) das Listriodon, ur-
weltliche Pferde, diluviale Ochsen, darunter der Ur,
ein Moschusochse von grosser Bedeutung. Unter den
Hirschen : der Riesenhirsch (sehr hübsch) das ur-
weltliche Elen- und selbst das Rennthier, sämmtlich
in Ungarn aufgefunden. Schön ist eine Gruppe von
einigen versteinerten Schildkröten aus dem Kalktuff
von Altofen.

VIII. S aa l. Mineralien, Salze aus den ung.
Salzwerken. Schöne Meteoriten, darunter ein grosser
v. Lénártó, einige von Mezőmadaras und Knyahinja.
Árvaer Meteoreisen; Pallaseisen u. s. w.

Einheimische Realgare und Schwefel (Kalinka
und Radoboj), prachtvolle Zinkblenden, hübsche An-
timonite, Tellurerze, Bleiglanze, Fahlerze und einige
Golde aus Ungarn. Eine schöne Sammlung von Gö-
mörer Eisensteinen (durch Vermittlung des Palatin
Josef dem Museum geschenkt); Euchroite, Libethe-
nite, prachtvoller Brochantit, grosse Drusen-Arago-
nite von Herrengrund, grüne Granaten von Dobschau.

IX. S aa l. 1 Kasten mit ungarischen, 1 Kasten
mit englischen Kohlen.

X. S aa l. Mineralien. Prachtvolle Golde von
Vöröspatak, Coelestine von Herrengrund, Achate,
Chalzedone, Marmaroser Diamanten. Doch keinen be-
merkenswerth schönen edlen Opal. Amethiste, Baryte,
Malachite, ung. Kupferlasur.

XI. S aa l. Geologisch palaeontologische Gegenstände. Die fossile Flora der Hegyalja, die Nu-
mulitenformation des Bakony und der Granergegend,
dann zahlreiche tertiäre Petrefakten und Handstücke.

d) Bibliothek,

(täglich von 9—12 Uhr geöffnet. Bibliothekar: Herr von Mátray.)

Im linken Flügel des ersten Stockwerkes, umfasst 14 Säle. — Darunter durch seine prachtvolle Möblirung aus geschnitztem Eichenholz besonders bemerkenswerth: Der Széchenyi-Prunksaal, mit dem Porträt des Stifters und den Wappen aller ungarischen Comitate.

Die Bibliothek, besonders reich an Hungaricas umfasst circa 190,000 Bände und etwa 2000 Manuscripte (darunter besonders werthvolle Hungarica.) Unter den Cimelien, besonders beachtenswerth: Ein Gebetbuch Mathias Corvinus mit Miniaturen. Zwei Gebetbücher Karl Roberts von Anjou. Eine Prachtausgabe der Thuróczy'schen Chronik, Pergamentdruck aus 1488 mit Miniaturen. Ein altung. Missale mit Grabgesängen (in ung. Sprache.) Eine sehr schöne Handschrift in reichem Prachtband, die Ordensregeln der Clarisserinen in ung. Sprache. Ein Hymnarium missale aus dem 15. Jahrhundert (von einer Nonne Margaretha Scheiffarth geschrieben). Ein Graduale ecclesiast, aus dem Kaschauer Dom, 15. Jahrhundert. Ein Psalterium, Antiphonarium Feriale 14. Jahrhundert. Als Curiosum beachtenswerth ein Manuscript-Gebetbuch eines lebendig eingemauerten Paulinermönches, an den Rändern benagt!

Die bisher wegen mangelhafter Katalogisirung und Aufstellung fast unbenützbar gewesene Bibliothek wird seit einiger Zeit im Auftrage des ung. Unterrichtsministers nach den in München und Wien geltenden Prinzipien geordnet und ist Aussicht vorhanden, dass die von Herrn Barna energisch geförderte Arbeit binnen einigen Monaten zu Ende gebracht sein wird.

Im Parke selbst finden wir noch, links und rechts von der Mittelfronte, die Büsten der ungarischen Dichter Berzsenyi und Kazinczy, modellirt von B. Vay.

4

Die ungarische Akademie.

(Obere Donauzeile. Die inneren Räume zugänglich auf Anmeldung beim Hausmeister.)

Gegen Ende des vorigen Jahrhunderts regte der ungarische Sprachforscher Révay die Idee einer ung. gelehrten Gesellschaft an, die Angelegenheit kam auch vor den Reichstag, aber die unruhigen Zeiten traten der Ausführung hindernd entgegen. Im Jahre 1825 kam der denkwürdige Reichstag, der den Anfang des nationalen Aufschwunges Ungarns bezeichnet. In der Sitzung vom 2. November 1825 erhob sich der grosse Stephan Széchenyi und bot zur Gründung einer Akademie sein einjähriges Einkommen von 60,000 Gulden. Diess zündete, schnell waren einige Hunderttausende für den edlen Zweck aufgebracht, ausserdem schenkte Graf Josef Teleky seine grossartige Bibliothek. Im Jahre 1830 wurde die Gesellschaft konstituirt und 1831 (Februar) hielt sie ihre erste Sitzung. Zweck der Gesellschaft ist: Pflege der Wissenschaft und schönen Literatur und Ausbildung der ungarischen Sprache. Die Akademie zählt gegenwärtig 18 Ehrenmitglieder, 35 ordentliche, 164 korrespondirende und 72 auswärtige Mitglieder, und zerfällt in 6 Klassen für: Philologie, Philosophie, Geschichte, Jurisprudenz, Mathematik und Naturwissenschaft.

Im Jahre 1860 wurde von dem damaligen Präsidenten Graf E. Dessewffy die Idee angeregt, der

Akademie ein ihr eigenes würdiges Gebäude zu er-
richten, und wurde an den Patriotismus des Volkes
appellirt. Der Gedanke fand begeisterte Aufnahme.
Hoch und niedrig steuerte seine Gaben bei und in
kurzer Zeit war die bedeutende Bausumme gedeckt.
Der Bau wurde im Jahre 1862 angefangen und 1866
beendigt.

Der nach dem Plane des Berliner Hofbaurathes
Stühler ausgeführte Sandsteinbau ist im elegantesten
Renaissancestyle gehalten und besteht aus einem Mit-
telbau, der den grossen Prunksaal enthält, und zwei
etwas niedrigere Flügelanbaue, die die Räume der
Bibliothek, Eszterházy-Gallerie und Wohnungen der
Akademie-Beamten enthalten. Der durch eine doppelte
Säulenstellung getragene Mittelbau ist mit Statuen
vom Bildhauer Wolf in Berlin geziert, die 6 in der
Akademie vertretenen Fakultäten darstellend. An den
beiden Flügeln sind in der Höhe des zweiten Stock-
werkes die Statuen von Révay (von N. Izsó) Leibnitz,
Newton, Galilei, Descartes, Raphael angebracht.

Wenn man das Innere durch das Hauptthor
vom Franz-Josefsplatze betritt, gelangt man in ein
elegantes, von vier Reihen Marmorsäulen getragenes
Vestibül und über einige Stufen in den Corridor
(links Vörösmartys Statue), der in die Bibliothekssäle
führt. Derselbe Corridor in eleganterer, luftigerer
Form wiederholt sich im ersten Stockwerke. Zwei
sehr schöne Mahagonithüren führen in den grossen
Prunksaal, der bei Gelegenheit der grossen Sitzungen
der Akadamie benützt wird. Der Saal ist von 3 Seiten von säulengetragenen Gallerien umgeben, die für
das Zuschauerpublikum bestimmt sind, die vierte
Seite hat 5 grosse Fenster auf den Franz Josefsplatz.

*4

Die schwungvoll gewölbte Decke wird von 24 Karyatiden getragen. Die jetzt noch etwas kahl aussehenden Wände sind zur Aufnahme eines Freskencyclus aus der ungarischen Culturgeschichte bestimmt. Neben diesem grossen befindet sich eine Reihe von kleineren Sälen, deren einer die Porträts berühmter verstorbener Mitglieder der Akademie enthält.

Die zweite Etage des Gebäudes birgt einen Kunstschatz von so grosser Bedeutung, dass wir demselben eine eingehendere Würdigung widmen müssen:

Die Eszterházy-Gallerie

bildete bis zum Jahre 1865 eine der Perlen des an Kunstschätzen so reichen Wien. Seit Vollendung des Akademiegebäudes wurde sie in den, für die Sammlung gebauten fünf grossen Sälen und einigen Cabineten untergebracht.

Geöffnet jeden Mittwoch und Freitag von 9—12 und 1—5 Uhr, jeden Sonntag von 9—1 Uhr, ausserdem gegen Anmeldung beim Galleriedirektor Kratzmann.

1. Zimmer (vom Eingange rechts),
enthält fast nur Bilder der französischen Schule des 17. und 18. Jahrhunderts.

**1. Hyac. Rigaud. Bildniss Elisabeth Charlottens, Pflazgräfin am Rhein, Herzogin von Orleans.

*2. Claude Gelée, genannt Lorrain. Landschaft mit grossen Bäumen; vorne zwei Wanderer, links ein Hirt mit einer Ziegenheerde.

*3. De Marnes. Landschaft; holländische Gegend mit einer heimziehenden Heerde.

*4. Lorenz de la Hire. Die heil. Jungfrau mit dem Kinde im Grunde einer Landschaft.

*5. Joh. Bapt. Greuze. Brustbild eines jungen, aufwärts sehenden Mädchens.

6. Claude Gelée, genannt Lorrain. Landschaft, zur Rechten eine grosse Felsenpartie.

7. Unbekannt. August der Starke, König von Polen.
8. Claude Gelée, genannt Lorrain. Ein Seehafen bei Sonnenaufgang. Vorne Reste römischer Architektur.
9. Jak. van Schuppen. Friedrich Herzog von Würtemberg.
10. Jak. Courtois, genannt Bourguignon. Schlachtgemälde mit Ausfällen in der Ferne und Gefechten der Reiterei im Vordergrunde.
11. Jak. Stella Die Vermählung Mariens.
*12. Joh. Bapt. Greuze. Junge Landmädchen, die einem Einsiedler Lebensmittel bringen, für die sie Rosenkränze und Bänder von ihm eintauschen.
*13. Peyron. Perseus, der letzte König von Macedonien vor seinem Sieger Paulus Aemilius.
14. Hubert Robert. Ruine römischer Architektur.
*15. Kaspar Poussin. Landschaft mit römischer Architektur.
*16. Claude Gelée genannt Lorrain. Landschaft mit einer Mühle.
*17. H. Rigaud. Portrait des Cardinals Fleury.
18. Jak. Courtois, genannt Bourguignon. Gegenstück zu Nr. 10.
*19. Eustach. Le Sueur. Ein auf Wolken schlafendes Frauenzimmer auf ihre rechte Hand gelehnt.
*20. Nikol. Colombel. Hagar in der Wüste, wo sie der Engel tröstet.
31. Ant. Coypel. Ein Deckenstück. Die Götter im Olymp. Skizze.
*22. Nicol. Poussin. Die Geburt des Bachus.
23. Chev. Facin. Landschaft mit ruhenden Hirten und Schafen.
*25. Sebast. Bourdon. Bachus und Cerès unter mehreren Nymphen und Satyren.
26. De Marnes. Ruinen mit einem Brunnen, zu welchem Hirten mit Pferden und Ziegen zur Tränke kommen.
27. Andr. Manglard. Seegegend bei Sonnenaufgang.
28. Mad. Le Duc. Ein junges Frauenzimmer, mit einem Arme auf ein Buch gelehnt.

29. Hub. Robert. Eine grosse Vase.
*30. Jos. Vernet. Nachtstück. Man sieht bei Mond-
schein durch eine Grotte auf eine gebirgige
Gegend; Ruinen in der Ferne und Feuer am
Ufer eines Flusses.
31. Nik. Poussin. Die Heimsuchung Mariens.
32. Jak. Stella. Cleopatra und August beim Tode
des Antonius.
33. Nik. Loir. Cleobis und Biton führen ihre Mutter zum Feste nach dem Tempel zu Argos.
34. Lorenz de la Hire. Ninus bietet der Semiramis
die Krone an.
35. Nik. Poussin. Christus und die Samariterin am
Brunnen.
*36. L. Boily. Ein Familienstück.
*37. Pet. Carl Tremoillière. Venus liebkoset den
Amor.
38. Nik. Poussin. Die Findung Moses.

2. Zimmer,

*enthält nebst Bildern der französischen Schule auch
mehrere Bilder der deutschen Schule.*

1. Nik. Poussin, die Grablegung Christi.
2. Carl Le Brun. Der sterbende Heiland am Kreuze.
Die Todten erstehen aus ihren Gräbern.
*3. Carl Hutin. Hagar in der Wüste von dem Engel
getröstet.
4. Jak. Ludw. David. Der Kopf eines Philosophen
der in einem Buche liest.
*5. Carl Le Brun. Apotheose Ludwig XIV.
*6. Josua Reynolds. Bildniss des Admirals Hughes.
7. Moses Valentin. Eine Mahlzeit. Die rechts
sitzende Figur ist des Malers Bildniss.
**8. Claude Gelée, gen. Lorrain. Landschaft mit
einem Flusse und einer Brücke, vorne eine
grosse Gruppe von Bäumen und ein Hirt, der
Ochsen weidet.
*9. Nik. Poussin. Die eherne Schlange. Skizze.
10. Lorenz de la Hire. Theseus findet die Waffen
seines Vaters.

11. Hyac. Rigaud. Bildniss des Malers.
*12. Carl Le Brun. Der Friedensschluss von Nym-
    wegen 1678 zwischen Ludwig XIV. und Holland.
13. Jak. Blanchart. Der heil. Hieronymus.
*14. Sim. Vouet. Apollo im Kreise der Musen, auf
    der Leier spielend.
**15. Claude Gelée, genannt Lorrain. Abendlandschaft.
16. Eustach. Le Sueur. Die Zurückkunft des jungen
    Tobias.
*17. Nik. Largilliére. Bildniss des Prinzen Ludwig
    von Bourbon Condé.
*18. Carl Le Brun. Ludwig XIV. erklärt 1671 den
    Holländern Krieg.
*19. M. J. Quadal. Ein Jüngling mit einer Flinte,
    von Jagdhunden umgeben.
20. Angelika Kaufmann. Der junge Pyrrhus wird
    dem Glaucias, König von Illyrien vorgestellt.
21. Christ. Seybold. Bildniss des Malers.
22. Joh. Rottenhammer. Diana und Actäon.
23. Christ. Seybold. Bildniss der Töchter des Malers.
24. Pfeiler. Drei Kinder mit Früchten.
25. Mich. Wutky. Seegegend bei Mondbeleuchtung.
*26. Balth. Denner. Bildniss Nik. Ludw. Grafen von
    Zinzendorf.
27. Friedrich Oelenhainz. Bildniss eines jungen
    Mannes.
*28. Joh. Kupeczky. Brustbild eines Mannes.
*29. Christ. Hilf-Brand. Landschaft.
*30. Naumann. Bildniss des Malers Raphael Mengs.
31. Joach. Sandrart. Männliches Bildniss.
32. Pfeiler. Drei Kinder mit Früchten. Gegenstück
    zu Nr. 24.
*33. Angelika Kaufmann. Bildniss einer Dame am
    Putztische.
34. Christ. Wilh. Dietrich. Landschaft.
35. Christ. Wilh. Dietrich. Felsige Gegend mit Was-
    serfall und Ruinen.
36. Raphael Mengs. Eine heil. Familie.
37. Oelenhainz. Portrait eines Mannes, eine Blut-
    wurst in der Hand haltend.

38. Martin Altomonte, (eigentl. Hohenberg). Jesus erweckt einen Todten.
39. Ign. Unterberger. Eine Charitas.
40. Sauerland. Ein Pfau und anderes Federvieh.
41. Daniel Gran. Die heilige Elisabeth, Almosen spendend.

3. Zimmer,

enthält ausser Bildern der deutschen Schule des 17. und 18. Jahrhunderts auch einige moderne Bilder.

1. J. Molnár. Badende Mädchen.
2. Waldmüller. Kopf eines greisen Mannes.
3. Tont. Männliches Bildniss.
4. Franz Kobel. Ansicht des Schlosses Hohentwiel.
5. Adam Elzheimer. Landschaft. WaldigeGegend mit weidenden Kühen u. badenden Weibern staffirt.
6. Heinr. Füger. Bethseba im Bade.
7. Auerbach. Portrait August des Starken, König von Sachsen.
8. Unbekannt. Landschaft mit türkischen Reitern.
9. Carl Loth. Loth und seine Töchter.
10. Joh. G. Platzer. Cleopatra.
11. F. Ferg. Ein Marktschreier in einem Dorfe.
12. A. van der Meeren. Schlachtgetümmel.
*13. G. Morland. (Engländer.) Drei liegende Schweine.
*14. Ferd. Hamilton. Ein todter Haase nebst Federvieh und Jagdgeräthe.
15. Franz Edm. Weirotter. Berge und Felsen.
16. Joh. Rottenhammer. Landschaft. Gott Vater erschafft Eva, während Adam schläft.
17. Joh. Drechsler. Ein Blumenstück.
18. Borsos. Mädchen nach dem Balle.
*19. Selleny. Amphitheater von Pola.
20. Landi. Ein nacktes Mädchen ruhend auf einem Bette.
21. Unbekannt. Portrait eines Kindes.
22. Phil. Hackert. Landschaft.
23. A. Schönn. Walachisches Dorf.
*24. Karz. Landschaft. Ansicht von Tivoli bei Rom.
*25. Waldmüller. Ein Mann mit einem Guckkasten.

26. Leopold Löffler. Familienscene.
27. Altenkopf. Schloss Pottendorf.

4. Zimmer,

enthült Bilder der altdeutschen Schule.

1. Unbekannt. Herodias mit dem Haupte Johannes.
2. Hub. van Eyck. Die Kreuzabnahme Christi.
3. Unbekannt. Herodias tanzt vor ihrem Vater.
4. Luk. Cranach. Die Ehebrecherin vor Christus.
5. Unbekannt. Weibliches Bildniss.
6. Unbekannt. Männliches Bildniss.
7. Joh. Schäufelein. Der Heiland vom Kreuze abgenommen.
8. Lukas Cranach. Herodias mit dem Haupte des Johannes.
9. F. Kessler. Männliches Bildniss.
*10. Hans Holbein. Männliches Bildniss.
**11. Hans Holbein. Weibliches Bildniss.
**12. Christoph Amberger. Bildniss Hans Heinr. Pilgram von Herzogenbusch, Patriziers von Nürnberg.
13. Lukas von Leyden. Die Kreuzigung Christi.
14. Lukas von Leyden. Der Evangelist Markus.
15. Lukas von Leyden. Der Evangelist Johannes.
16. Lukas von Leyden. Der Evangelist Lukas.
17. Lukas von Leyden. Der Evangelist Matheus.
18. Unbekannt. Weibliches Bildniss.
19. Unbekannt. Weibliches Bildniss.
20. Jos. Heinz. Brustbild eines Frauenzimmers.
21. Albrecht Dürer. Die Kreuzigung Christi.
*22. Christoph Amberger. Weibliches Bildniss; Gegenstück zu Nr. 12.

5. Zimmer,

enthült Bilder der holländischen und niederländischen Schule, darunter viele, sehr gute Cabinetsstücke.

1. Gerh. Dov. Antonius der Einsiedler.
2. Ferd. Ant. van der Meulen. Reitergefecht.
3. Theob. Michault. Landschaft mit vielen Figuren.

4. Dav. Teniers d. ä. Die Versuchung des heil. Antonius.
5. Heinr. Zorg. Die Anbetung der Hirten.
6. Ferd. Hamilton. Eine Reitschule.
7. Johann von Goyen. Landschaft. Flache Gegend mit einem Flusse und einem Thurme.
8. Ant. van der Neer. Baumreiche Landschaft.
*9. J. Ruisdael. Baumreiches Ufer eines kleinen Flusses.
10. Ad. Pynacker. Gebirgige Gegend an einem Flusse mit einer gelandeten Fähre.
11. A. Pynacker. Felsige Gegend mit einem Wasserfall.
*12. Paul Potter. Thierstück.
13. Herm. van der Myn. Hagar in der Wüste.
*14. Ant. van der Neer. Holländisches Städtchen.
15. Ferd. Hamilton. Eine Reitschule.
16. Gerh. Dov. Der heil. Anton der Einsiedler.
*17. Ant. van der Neer. Nächtliche Feuersbrunst in einer holländischen Stadt.
18. Theob. Michault. Landschaft mit vielen Figuren.
19. Adr. van der Werff. Grablegung Christi.
*20. P. Bloot. Tanzende Bauern.
21. P. Lermanns. Der heil. Joseph mit dem Jesuskinde.
**22. Adolf Brouwer. Bauernstube mit trinkenden Bauern.
*23. Korn. Molenaer. Bauernbelustigung.
*24. Conn. Dusart. Das Innere einer holländischen Schenke mit zechenden Bauern.
**25. Ald. Everdingen. Landschaft.
*26. W. van der Velde. Seestück.
*27. Ren. da Vries. Landschaft.
28. Heinr. van Steenwyck. Befreiung des h. Petrus aus dem Gefängnisse.
29. Unbekannt. Das Innere einer gothischen Kirche.
*30. Adr. van Ostade. Das Innere einer Bauernstube mit 4 Figuren.

Aus diesem Cabinete gelangt man über eine Treppe in das dritte Stockwerk, in grosse schöne

Räume meist mit Oberlicht, zuerst links vom Eingange in das

6. Zimmer,

Bilder der Blüthezeit der niederländischen Schule enthaltend.

1. Jak. Jordaens. Meleager und Atalante.
*2. Jak. Jordaens. Der Baner, welcher kalt und warm aus dem Munde bläst.
3. Schule des Rubens. Mariens Himmelfahrt.
4, P. P. Rubens. Alle Grade der Geistlichkeit in der Anbetung.
5. P. P. Rubens. Sturz der Verdammten.
6. Abr. Jansens. Der heil. Hieronymus.
7. P. P. Rubens. Maria mit dem Jesuskind und dem heil. Joseph.
*8. Jak. Jordaens. Männliches Bildniss.
*9. Ant. van Dyck. Venus beweint den Tod des Adonis.
*10. Peter Snayers. Ein Feldlager.
*11. P. Rubens. Drei Engel in Wolken.
*12. Ant. van Dyck. Bildniss eines Mannes.
*13. P. P. Rubens. Bildniss des Erzherzogs Ferdinand, Infanten von Spanien, Statthalters der Niederlande.
*14. P. P. Rubens. Mutius Scaevola vor dem Könige Porsenna.
**15. Ant. van Dyck. Bildniss eines Mannes und das seiner Gattin.
*16. Ant. van Dyck. Die heil. Dreifaltigkeit.
**17. Ant. van Dyck. Die Familie van Eyck von Antwerpen.
*18. Ant. van Dyck. Dornenkrönung Christi. Skizze.
*19. Ant. van Dyck. Die heil. Magdalena.
20. P. P. Rubens. Die heil. Familie.
*21. P. P. Rubens. Merkur trägt Hebe in den Olymp. Copie nach Raphael.

7. Zimmer, (Saal mit Oberlicht.)

enthält viele ausgezeichnete Werke der holländischen und niederländischen Schule.

1. Mich. J. Mirevelt. Männliches Bildniss.
2. Ph. Koning. Hagar wird von Abraham verstossen.
3. M. van Helmont. Ein holländischer Markt mit vielen Figuren.
*4. Mich. J. Mirevelt. Weibliches Bildniss.
*5. Joh. Steen. Eine Bauernbelustigung.
6. Leonh. Bramer. Ein Mann in einem Armstuhl.
7. Leonh. Bramer. Eine alte Frau in einem Armstuhl.
8. Alb. Cuyp. Landschaft. Im Vordergrunde der Maler Cuyp, seine Familie und seine Verwandten.
9. Leonh. Bramer. Männliches Bildniss.
*10. Mich. Janson Mirevelt. Weibliches Bildniss.
*11. Peter van Lint. Bildniss eines Mannes.
12. J. G. Cuyp. Männliches Bildniss.
13. Ald. Everdingen. Gebirgige Gegend mit Schafen.
14. J. G. Cuyp. Weibliches Bildniss.
15. Martin de Vos. Allegorie auf die Regierung eines weisen Herrschers.
16. Gerh. van den Eckhout. Vertumnus und Pomona.
17. M. de Vos. Die Anbetung der heil. drei Könige.
*18. Ph. de Compaigne. Weibliches Bildniss.
19. Georg Ovens. Eine Charitas.
*20. Ph. de Compaigne. Männliches Bildniss.
21. Herm. Schwanevelt. Landschaft mit Ruinen und grossen Baumstämmen.
22. Heinr. Mommers. Ansicht des Platzes del Popolo zu Rom.
*23. M. Mirevelt, der Maler Mirevelt mit seiner Familie.
24. Unbekannt. Landschaft mit weidenden Schafen.
*25. F. Sneyders. Eine Henne setzt sich zur Wehre, gegen einen Falken.
26. Mich. Mirevelt. Männliches Bildniss.

27. Mich. Mirevelt. Weibliches Bildniss.
28. C. van Ryck. Federvieh.
29. Van Schirrings. Die grosse Feuersbrunst zu London 1666.
*30. Arn. van Geldern. Ein junger Mann.
31. Unbekannt. Architekturstück.
*32. Adr. van Ostade. Der Federschneider.
33. Ferd. Bol. Männliches Bildniss.
34. Joh. van Goyen. Landschaft.
*35. Ant. van der Neer. Mondschein-Landschaft.
36. Joh. van Goyen. Landschaft. Ansicht von Köln.
*37. F. Sneyders. Eine Schweinsjagd.
**38. P. Rembrandt. Christus vor Pilatus. (Chef d'oeuvre der Gallerie ausserordentlich schön erhalten).
*39. M. Hondekoeter. Kampf zwischen einem Pfau und einem Haushuhn.
*40. Bonav. Peters. Seegegend. Ankommende Schiffe.
*41. P. Rembrandt. Des Malers Bildniss.
42. Unbekannt. Ein Knabe auf einer Pfeife spielend.
43. P. van der Werff. Die büssende Magdalena.
*44. P. Rembrandt. Eine junge Dame mit Handschuhen und einem Fächer.
45. Peter Brenghel. Aeneas durch die Sibille in die Unterwelt geführt.
*46. Dav. Ryckaert. Ein singender Mann.
47. Peter Breughel. Aeneas Ankunft in der Unterwelt.

8. Zimmer, (rechts vom Eingange.)

Niederländische und Holländische Schule.

*1. M. Hondekoeter. Federvieh
2. Joh. Weenix. Ein Knabe trägt eine wilde Gans.
3. Gerh. Honthorst. Ein alter Mann lesend.
4. Jul. Fr. van Bloemen, gen. Orizzonte. Landschaft.
**5. Sal. Ruisdael. Eine holländische Kirmse.
*6. Corn. de Heem. Früchte, Austern und Seekrebse.
7. Dan. Seghers. Cimon und seine Tochter Pero.

*8. N. Berghem. Landschaft; zur Tränke gehende Kühe.

*9. Adr. van Ostade. Eine Fischhäudlerin.

10. Ad. van der Velde. Landschaft mit heimziehender Heerde.

11. Jul. Fr. van Bloemen, gen. Orizzonte. Landschaft.

*12. Sal. Ruisdael. Heimziehende Kirchweichgäste.

13. H. Maes. Bildniss eines Mannes.

14. Dav. Hyckaert. Die Anbetung der Hirten.

*15. Sal. Ruisdael. Ein Gasthof mit Bäumen, wo Reisende Halt machen.

*16. Rainer Brackenburg. Häusliche Scene.

17. Adr. van der Werff. Bildniss des Malers Denner.

*18. Rainer Brackenburgh. Häusliche Scene.

19. Ant. Schoon-Jans. Ein alter, schwarzgekleideter Lautenspieler.

*20. Unbekannt. Landschaft (aus Waterloo's Schule.)

21. Carl Rutharts. Wilde Gegend mit Hirschen.

22. Carl Rutharts. Gegenstück zu obigem.

23. Pet. Tempesta. Landschaft. Gegenstück zu Nr. 25.

*24. Adr. Brouwer. Drei zechende Bauern bei einem Fasse sitzend.

25. Pet. Tempesta. Landschaft mit weidenden Ziegen.

26. R. van Leux. Bildniss eines Geistlichen.

*27. Van der Helst. Eine Frau in einem Armstuhle.

*28. Rainer Brakenburgh. Bauernbelustigung.

29. J. M. Quinkhart. Bildniss eines Mannes, der eine Medaille hält.

30. Georg Geldorp. Männliches Bildniss.

*31. L. Backhuysen. Ein Seesturm.

9. Zimmer (mit nicht sehr günstiger Beleuchtung.)

Bilder der holländischen und niederländischen Schule.

1. Carel du Jardin. Des Malers Bildniss.

2. Van der Heyden. Stilleben.

3. J. de Wett. Des h. Petrus wunderbarer Fischzug.

4. Bonav. Peters. Seestück; in der Ferne ein Hafen.

5. Joh. Breughel. Die Familie Noah's mit den Thieren in die Arche ziehend.

6. Fr. Porbus. Bildniss des Prinzen Moriz von Oranien.

7. Wilh. Kay. Männliches Bildniss.

*8. F. Seghers. Ein Stilleben.

9. J. Erasm. Quellinus. Die vier Jahreszeiten.

10. Joh. Breughel. Adam und Eva im Paradiese, mit vielen Thieren.

11. Joh. B. Weenix. Verschiedenes Federvieh.

12. B. van Uden. Wald, Vieh und ein schlafender Hirt.

13. Govaert Flinck. Männliches Bildniss.

14. Adr. van der Werff. Susanne und die beiden Alten.

*15. Dav. Tenier d. ä. Ein Hirt treibt eine Kuh und Schafe heim.

16. G. Bleckers. Der Engel bei der Familie des Tobias.

17. Casp. de Witte. Landschaft mit Reitern, die ihre Pferde tränken.

18. H. van Limbroch. Apollo und die Musen.

19. Phil. Wouvermans. Ein Jagdstück.

20. Th. Maas. Bildniss einer Dame als Diana dargestellt.

21. Joh. B. Weenix. Bildniss einer Dame mit ihrem Kinde.

22. Joh. B. Weenix. Bildniss eines Mannes mit einer Meerkatze und einem Hunde.

**23. M. Hobema. Wald mit einer Hirschjagd.

24. J. van Schyndel. Gebirgige Landschaft.

25. H. van Limbroch. Das Urtheil des Paris.

26. A. F. Baudewyns. Ausgang eines Waldes mit Falkenjägern.

*27. P. Rembrandt. Ein sitzender Mann.

28. Joh. B. Weenix. Ruinen, korintischer Architektur.

*29. Franz Hals. Weibliches Bildniss.

30. Jak. van Artois. Ausgang eines Waldes mit einem Hohlwege und Landleuten.

*31. D. Teniers. Die sieben Werke der Barmherzigkeit.

32. Paul Potter. Gebirgige Landschaft mit einer Brücke und einer Rotunde in der Ferne, im Vorgrunde ruhende Schafe und Ziegen.
33. Joh. Glauber. Landschaft.
34. Bergheim. Landschaft mit Thieren.
35. Thom. Wyck. Landschaft. Ein grosses Waarenlager, durch dessen Gewölbe man einen Seehafen sieht.
36. Joh. Both. Landschaft.
37. Theod. Maas. Ein Pferdemarkt.
*38. Balth. van Lemens. Ein Ritter und mehrere Damen in Gesellschaft.
*39. Simon de Vlieger. Ein Seestück.
40. P. Grebber. Eine Frau und ein alter Mann.
41. Franz Floris. Diana auf einem Hügel liegend.
42. A. Gross. Eine Marine.
43. Carel du Jardin. Landschaft.
*44. Sal. Ruisdael. Landschaft.
. 45. Joh. Wynants. Landschaft.
46. Phil. Wouvermans. Ein Rosshändler, der Pferde vorreiten lässt.
*47. Alb. Cuyp. Landschaft mit Kühen.
48. Unbekannt. Weibliches Bildniss.
*49. Joh. Fyt. Todtes Federvieh und ein todter Hase.
*50. Corneille de Man. Ein Mann und eine Frau am Schachbrette sitzend.
51. Nik. Bergheim. Gebirgige Landschaft mit Figuren und Vieh.
52. Andr. Hannemann. Männliches Bildniss.
*53. Leonh. Bramer. Ein Schatzgräber.
54. Fried. Moucheron. Landschaft.
*55. Jan van Decker. Landschaft.

10. Zimmer. (Eckzimmer.)

Holländische und niederländische Schule.

1. Corn. Poelemburg. Grotte mit badenden Nymphen.
2. Wilh. van Nieulant. Römische Ruinen mit Figuren und Vieh.

3. Roland Savery. Gebirgige Landschaft von einem Flusse durchzogen.

4. Joh. Wynants. Landschaft mit Falkenjägern.

5. Dav. Teniers d. j. Flucht nach Egypten.

*6. Wil. Kalf. Metallene Geschirre.

7. Ald. Everdingen. Landschaft mit einem kleinen Wasserfall und einem Einsiedler.

8. Phil. Wouwermans. Landschaft mit Gebirge.

9. Solimacker. Landschaft mit Thieren.

10. W. Romeyn. Felsige Gegend mit Kühen und Schafen.

11. Sim. Pet. Tillemans. Bildniss des Heinr. Erberfeld, Apothekers in Bremen.

12. Alb. Cuyp. Landschaft; ein junger Mohr hält zwei gesattelte Pferde.

13. Heinr. Mommers, Landschaft mit einer französischen Bäuerin.

14. Heinr. Mommers, Eine zu Markte ziehende französische Bäuerin.

15. J. Bergkeyden. Landschaft mit einer Brücke.

*16. Gab. Mezu. Ein Mann knieend vor einer Frau.

*17. Sim. Bet. Tillemans. Weibliches Bildniss. Gegenstück zu Nr. 11.

18. Unbekannt. Ein grosser architektonischer Vorsaal.

19. Sim. de Vliger. Landschaft.

20. Ad. Pynacker. Landschaft.

*21. Jak. Ruysdael. Waldgegend mit Wasservögeln.

*22. A. H. Verboom. Ein Wald; im Vordergrunde ein Mann auf einem Esel reitend.

*23. P. P. Rubens. Männliches Bildniss.

*24. Joh. van Steen. Ein sitzender Mann.

25. Palamedes (Stevens). Der Tod Gustav Adolphs.

26. Corn. Molenaer. Bauernbelustigung.

27. Meyering. Ansicht der vormaligen Residenz des Statthalters der Niederlande in Brüssel.

28. Pet. Tempesta. Landschaft.

29. C. Saftleven. Ein Kuhstall.

*30. Alb. Cuyp. Landschaft; im Vordergrund ein Reiter.

*31. Dav. Ryckaert. Ein Chemist.

*32. Dav. Teniers d. j. Der Dorfarzt.
33. Barth. van Bassen. Das Innere einer Kirche.
*34. Joh. Fyt. Ein Hund und todtes Geflügel.
35. Theod. van. Thulden. Die Marter der heil. Ursula und ihrer Jungfrauen.
*36. Dav. Teniers d. j. Eine Waffenkammer mit Kriegern, die auf einer Trommel würfeln.
37. P. Saenredam. Vorsaal eines Palastes.

II. Zimmer (kleinerer Saal mit Oberlicht.)

Bilder der italienischen Schule von Florenz, Rom etc. auch einige Niederländer.

1. Pannini. Architekturstück. Jonische Ruinen.
2. Fr. Da Catignola. Der Leichnam Christi umgeben von Johannes und Nicodemus,
*3. Dan. Da Volterra. Ein Christuskopf,
*4. Ant. Allegri, genannt Corregio. Studium einer weiblichen Figur.
5. Franz Solimena. Maria reicht dem Kinde die Brust.
6. Unbekannt. Die heil. Jungfrau mit dem Jesukinde.
7. Carl Maratti. Flucht nach Aegypten.
8. Carlo Dolce. Ein Marienkopf.
9. Benven. Tisio, genannt Garofalo. Die Ehebrecherin vor Christus.
10. Georg Vasari. Die Hochzeit zu Kana.
11. Joh. Bapt. Salvi, genannt Sassoferrato. Maria mit dem Jesukinde.
12. F. Zuccarelli. Landschaft mit ziehenden Heerden.
13. Alessandrino. Eine Folterkammer.
14. Lelio. genannt Orsi. Venus und Amor.
15. Angiolo Bronzino. Der Leichnam Jesu Christi.
16. Franz Furini. Die heilige Magdalena.
17. Franz Trevisani. Der Einzug des Cardinals Ottoboni, als Papst Alexander VIII. bekannt.
18. Franz Mazzola genannt Parmigianino, Heilige Familie und der heilige Franciscus Seraphicus.

19. Petr. Vanucci, genannt Perugino. Die heilige Catharina.
20. Lucas von Ravennna. Die heilige Jungfrau mit dem Kinde.
21. Alex. Allori, genannt Bronzino. Der heilige Johannes der Evangelist.
22. F. Zuccarelli. Landschaft mit ziehenden Heerden.
23. Cesari, genannt Arpino. Diana und Actäon.
24. Friedr. Baroccio. Der heil. Aegydius.
25. Andr. Mantegna. Grablegung Christi.
26. Jos. Nogari. Bildniss eines Dogen von Venedig.
27. Tibaldi. Marter eines Heiligen.
28. Timoth. Della Vite. Eine Madonna.
29. Dominichino. Landschaft mit Figuren.
30. Ventura Salimbene, genannt Bevilaqua. Die Verkündigung Mariens.
31. Lactanz Gamhera. Maria mit dem Jesukinde.
32. Nach Corregio. Maria säugt das Jesukind.
33. Ant. Raphael Mengs. Maria mit dem Jesukinde.
34. Jos. Crespin. Maria. Eine Hirtin säugt ihr Kind.
35. Friedr. Baroccio. Ein Christuskopf.
36. Ant. Allegri, genannt Correggio, Studium eines Engelkopfes.
37. Jac. Robusti, genannt Tintoretto, maennliches Bildniss.
38. Tibaldi, Gefangenehmung eines Heiligen.
39. Lud. Cigoli. Maria mit dem Jesukinde.
40. Dominichino. Landschaft mit Figuren.
41. Jul. Romano. Diana und Endymion.
42. Constant. Frank. Bildniss des Malers.
43. H. Roos. Mehrere bei einer Heerde sitzende Kinder.
44. Joh. Van Os. Ein Seestück.
45. Joh. Van Os. Gegenstück des Vorigen.
46. Dav. Teniers d. ä. Die Versuchung des heil. Antonius.

47. Cornel. Poelenburg. Landschaft mit den Kindern Carl I. Königs von England.
*48. Joh. Van Huysum. Blumenstück.
*49. Jac. Ruisdael. Landschaft mit einem Wasserfall.
50. Giul. Romano. Eine weibliche Figur, halbnackt, sitzend.
*51. Georg Vasari. Die drei Grazien.
52. Angiol. Bronzino. Die Verkündigung der Geburt Christi.
53. Leonh. Da Vinci. Bildniss des Malers.
54. Ant. Allegri, genannt Correggio. Studium von drei Engeln.
55. Friedr. Baroccio. Die heilige Familie.
56. And. da Salerno. Die Apostel bei dem Leichname der heil. Maria.
57. Franz Vanni. Der heilige Hieronymus.
58. Friedr. Baroccio. Die heilige Familie.
59. Jac. Vignali. Christus wäscht dem heiligen Bruno die Füsse.
60. Bern. Pinturicchio. Titus Sempronius Grachus, nach dem Rathe des Orakels, eine Schlange tödtend, um seiner Gattin Cornelia das Leben zu retten.
61. Rafael Sanzio von Urbino. Maria und Johannes knieen vor dem schlafenden Jesukinde.
62. Andr. del Sarto. Eine Madonna.
63. Jul. Bugiardini. Marie mit dem Jesukinde.
64. Nach Rafael. Die Verklärung.
65. Honorio Marinari. Judith.
*66. Bern. Luini. Brustbild der heiligen Katharina.
*67. Ant. Allegri, genannt Correggio. Studium eines Engelkopfes.
*68. Rafael Sanzio von Urbino. Maria mit dem Kinde und Johannes.
*69. Peter Perugino. Bildniss des Malers Raphael Sanzio von Urbino.
70. Honorio Marinaro. Herodias.
*71. Ant. Allegri, genannt Correggio. Bildniss des Malers.

72. Phil. Lippi. Die heilige Familie und der heil. Laurentius.
73. Rud. Ghirlandajo. Die Geburt des Heilandes.
74. Mateo Resseli. Der Schutzengel.
75. Fried. Baroccio. Die Verkündigung Mariens.
76. Ant. Allegri, genannt Correggio. Studium mehrerer Engelköpfe.
*77. Andr. del Sarto. Heilige Familie.
*78. Ant. Allegri, genannt Correggio. Maria säugt das Jesukind.
*79. Benven. Tisio, genannt Garofalo. Maria mit dem Kinde und Josef.
80. Sebast. Conca. Der heil. Hieronymus.
81. Andr. del Sarto. Die heil. Familie.
82. Gaudens Ferrari. Marta mit dem Kinde; zur Seite ein Mönch.
83. Leonh. Da Vinci. Maria mit dem Jesukinde und dem heil. Hieronymus.

12. Zimmer, (Eckzimmer gegen den Hof),

kleinere Bilder holländischer und niederländischer Schule.

1. Math. Wytman. Ein Stillleben.
2. Jac. Toorenvliet. Ein Arzt bei einer kranken Frau.
3. Jean Le Duc. Drei Soldaten kartenspielend auf einer Trommel.
4. Dav. Teniers d. j. Ein Stall mit Schweinen.
5. Casp. Netscher. Bildniss einer Frau mit einem Hunde.
6. Nic. Berghem. Heimziehendes Vieh.
7. Jac. Weenix. Thierstük.
8. H. van Steenwyk. Das Innere einer Kirche in Antwerpen.
9. Isaak Ostade. Zechende Bauern.
10. Casp. Netscher. Bildniss der Lady Harvey, Geliebten Karl's II., Königs von England.
11. Wil. Van Aelst. Früchtenstük.
12. Corn. Bega, Ein Mann der kalt und warm bläst.

13. Jac. Van der Ulft. Das Innere einer protestantischen Kirche.
14. Wilh. Romeyn. Landschaft; ruhende Kühe und ein Hirt.
15. Adr. Van der Werff, Weibliches Bildniss.
16. Casp. Netscher. Der Trompeter.
17. Joh. Bapt. Frank. Ester vor Ahasverus.
18. A. Van Barsum. Landschaft mit einem Reiter.
19. H. Roos. Bildniss eines Kurfürsten von Mainz.
20. Jos. Rosa. Felsige Landschaft. Ein Hirt ruhend mit einer Heerde.
21. Heinrich Roos. Landschaft; ein Ochse an der Tränke.
22. Gottfr. Kneller Männliches Bildniss.
23. Jan. Asselyn. Landschaft: ein Franziskanerkloster zu Rom.
24. Peter Neefs. Inneres einer Kirche, worin man ein Kind zur Taufe trägt.
25. Jos. Rosa. Landschaft mit weidenden Kühen und Schafen.
26. Joh. Bapt. Frank. Der Durchgang durch den Jordan.
27. J. Van Hugtenburg. Ein Pferdemarkt.
28. Isaak Ostade. Das Innere einer Bauernstube.
29. Ad. Pinacker. Felsige Landschaft.
30. Simon de Vlieger. Landschaft mit einer Fontaine.
31. Herm. Saftleven. Landschaft.
32. Nic. Berghem. Weidendes Vieh in einer felsigten Gegend.
33. Dan. Verthangen. Spielende Nymphen und Satyren.
34. Joh. Griffier. Gebirgige Gegend mit Figuren.
35. Wilh. de Heusch. Landschaft mit Reisenden.
36. Herm. Swaneveld. Landschaft. Ein Hirt mit Schafen und Ziegen.
37. Phil. van Dyck. Gefecht zwischen Reitern und Fussvolk.
38. Jodoc. Momper. Landschaft mit einer Felsenhöhle, worin Messe gelesen wird.

39. Peter Van Larr, genannt Bamboccio. Banditen, á la Mora spielend.
40. Herm. Swanevelt. Abendlandschaft.
41. Ad. Brouver. Das Innere einer Bauernstube mit Figuren.
42. Nic. Berghem. Landschaft. Hirten bei einer Heerde.
43. Phil. Wouwermans. Einige Reiter reiten ihre Rosse zur Tränke.
44. Ant. Van Dyck. Ecce Homo. Skizze.
45. Joh. Both. Ruinen am Seeufer.
46. A Van Ostade. Das Innere einer Bauernstube.
47. Adr. Ostade. Das Innnere einer Bauernstube. Ein Weib hat ein Kind auf dem Schoose liegen.
48. Mich. Mirevelt. Kopf eines Mannes.
49. P. P. Rubens. Brustbild eines Mannes in Rüstung.
50. P. P. Rubens. Mutius Scaevola. Skizze.
51. Ant. Both. Die Ungeziefer Suchende.
52. Albert Van der Poel, Eine Feuersbrunst.
53. Peter Breughel. Juno erscheint in der Unterwelt.
54. Joh. Breughel, Kreutztragender Christus.

13. Zimmer. (Grosser Mittelsaal mit gutem Oberlicht).

Bilder der italienischen Schule von Bologna und Venedig.

1. Mich. Ang. Da Caravaggio. Die Kartenspieler.
2. Andr. Vaccaro. Der heilige Sebastian mit zwei weiblichen Figuren.
3. Joh. Franc. Barbieri, genannt Guercino. Ein Christuskopf.
4. Guido Reni. Die Anbetung der Hirten.
5. P. Sulimena. Begebenheit aus der Legende, u. z. die Marter mehrerer Heiligen.
6. P. Sulimena, Der heilige Benedikt heilet Kranke.
7. And. Sacchi. Maria vor dem schlafenden Jesukinde.

8. Hannib. Carracci. Der heilige Franciskus.
9. Bernh. Strozzi, genannt Prete Genovese. Verkündigung Mariens.
10. Domin. Zampieri, genannt Dominichino. Bildniss 'des'Cardinals Ludovici.
11. Nach Dominichino. Maria in der Glorie.
12. Joh. Franc. Barbieri, genannt Guercino. Ruhe in Aegypten.
13. Barthol. Schedone. David mit dem Haupte Goliath's.
14. Aug. Caracci. Der heilige Hironymus.
15. Guido Reni. Christus am Kreuze.
16. Monsu Desiderio. Inneres einer gothischen Kirche.
*17. Luc. Cambiasio. Tarquin und Lucretia.
18. Franz Albani. Die Entführung der Europa.
19. Andr. Sacchi. Der Knabe Jesus im Tempel.
20. Tizian Vecelli. Venus und Adonis. Skizze.
21. Mich. Angelo Da Carravagio. Sein eigenes Bildniss.
22. Guido Reni. David und Abigail.
*23. Ludw. Caracci. Zwei Satyren mit den Fingern Trauben pressend.
24. Franz Albani. Der Triumph des Bacchus.
25. Domin. Zampieri, genannt Dominichino. Loth und seine Töchter.
26. H. Caracci. Der Blinde den Blinden führend.
27. Guido Reni. Die Anbetung der Hirten.
28. Joh. Paul Pannini. Paulus predigt den Korinthern.
29. Joh. Franc. Barbieri, genannt Guercino. Heilige Familie.
*30. Caesar da Saesto. Der h. Johannes der Evangelist.
31. Domin. Zampieri, genannt Dominichino. David mit Goliath's Haupte.
32. Carl Cignani. Adam und Eva in Paradiese.
33. Franz Francia. Maria mit dem Jesukinde.
34. Guido Reni. Ein schlafendes Kind.
35. Innoc. Da Imola. Vermählung der heiligen Katharina.

36. Guido Reni. Ecce Homo.
37. Guido Reni. Lucretia.
38. Domin. Zampieri, genannt Dominichino. Der heilige Hieronymus.
39. Franz Francia. Maria mit dem Jesukinde und zwei Engeln.
40. Joh. Belino. Weibliches Brustbild.
**41. Tizian Vecelli. Venus und Amor.
**42. Seb. Del Piombo. Bildniss des Cardinals Polus.
43. Joh. Bapt. Tiepolo. Ferdinand der Katholische. König von Spanien, in der Schlacht von Cadix die Mauren überwindend.
44. Dominik Feti. Ein Schlafendes Mädchen.
25. Joh. Bapt. Cima, genannt Conegliano. Maria mit dem Jesukinde.
46. Camillo Procaccini. Allegorie auf Tugend und Laster.
47. Jul. Carpioni. Allegorie auf das menschliche Leben, worin die Wünsche jeden Alters als eben so viele Träume erscheinen.
48. Paul Veronese. Christus am Kreuze.
49. Carpioni. Ein Bacchusfest.
50. Carpioni. Triumpf des Bacchus.
51. Scarsellino da Ferrara. Ruhe in Egypten.
52. Domenico Robusti, genannt Tintoretto. Maria mit dem Jesukinde, angebetet von zwei Heiligen.
*53. Jak. da Ponte, genannt Bassano, Ein schlafender Hirt.
54. Franz Trevisani. Lucretia.
*55. Pet. Franz Mola. Maria mit dem Jesukinde.
*56. Anton Canale. Ansicht von Florenz.
57. Anton Canale. Ansicht von Florenz.
58. Jac. Robusti, genannt Tintoretto. Die Ehebrecherin vor Christus.
59. Paris Bordone. Brustbild eines Mädchens.
60. Jak. Palma d. ä. Maria mit dem Jesukinde und der kleine Johannes.
61. Carl Crivelli. Eine Madonna.

62. Paul Caliari, genannt Veronese. Vermälung der heiligen Katharina.
63. Unbekannt. Marie in der Glorie.
64. Bern. Bellotti, gen. Canaletto. Ansicht von Venedig.
65. A. Celesti. Der Friede und die Freundschaft. Allegorie.
66. Jak. da Ponte, genannt Bassano. Maria zeigt den Hirten das Jesukind.
67. Joh. Bellino. Maria mit dem Jesukinde und mehreren Figuren.
68. A. Schiavone. Christus und seine Jünger zu Emaus.
*69. Tizian Vecelli. Bildniss der Geliebten Tizians.
*70. Paul Caliari, gen. Veronese. Eine Lautenspielerin.
71. Felix Ricci. Die Anbetung der Hirten.
72. Felix Ricci. Die Anbetung der heiligen drei Könige.
73. Unbekannt. Maria mit dem Jesukinde, Anna, der kleine Johannes und ein Engel.
74. Bernh. Strozzi, genannt Prete Veronese. Christus und der Pharisäer mit dem Zinsgroschen.
75. A. Pellegrini. Christus heilet einen Kranken.
76. Jak. da Ponte, genannt Bassano. Verkündigung der Geburt Christi.
77. Peter Liberi. Jupiter und Mnemosyne.
78. S. Ricci. Maria Himmelfahrt.
79. Jak. da Ponte, genannt Bassano. Verkündigung der Geburt Christi.
80. Paul Caliari, genannt Veronese. Christus treibt die Verkäufer aus dem Tempel.
81. Unbekannt. Männliches Bildniss.
*82. Tizian Vecelli. Bildniss des Cardinals Bembo.
83. Paul Caliari, genannt Veronese. Magdalena salbt Jesu die Füsse.

14. Zimmer, (Halbrunder Saal mit Oberlicht.)

Enthält fast nur Bilder der spanischen Schulen, darunter die Perlen der Gallerie. Nr. 57—70. Neapolitaner und Florentiner.

1. Alonzo Vasquez. Ein Fruchtstück.
2. Blas. de Prado. Marie mit dem Jesukinde und dem heil. Johannes.
*3. Diego Velasquez. Die Israeliten in der Wüste, von Schlangen gequält.
4. Josef Antolinez. Die heil. Familie.
5. Mateo Cerezo. Ecce homo.
6. Franz Pacheco. Moses an den Felsen schlagend.
7. Franc. Ribalta. Die heil. Katharina vertheitigt die christliche Religion in Gegenwart des Kaisers Maxentius.
8, Anton Puga. Eine alte Klosterfrau.
9. Franc. Zurbaran. Kopf der heil. Maria.
10. Juan de Sevilla. Die heil. Familie.
*11. Franz Goya. Ein Schleifer. Skizze.
*12. Franz Goya. Ein Mädchen mit einem Milchkruge (Skizze.)
13. Jos. Ribera, genannt Spagnoletto. Der heil. Sebastian.
14. Claudio Coello. Der heil. Joseph mit Maria u. dem Jesukinde.
*15. Petro Oriente. Christus zu Emaus.
16. Jos. Ribera, genannt Spagnoletto. Bildniss eines Kardinals.
17, Ant. Pareda. Der heil. Antonius mit dem Jesukinde.
18. Jos. Ribera, genannt Spagnoletto. Ein Greis mit einem Buche.
19. Malduza. Ansicht des Coloseums zu Rom.
20. Alonso Cano. Christus erscheint der heiligen Magdalena.
21. Juan Escalante. Maria Empfängniss von vielen Engeln umgeben.

22. Anton Menendez. Der heil. Johannes der Täufer in einer Grotte.
23. Bartol. Murillo. Der Fandango-Tanz.
24. Jos. Ribera, genannt Spagnoletto. Der heilige Paulus der Einsiedler.
25. Franc. Ribalta, Die Zurückknnft des Zacharias.
26. Lazaro Tavarone. Die heil. Jungfrau.
27. Alonzo Cano. Der heil. Thomas.
*28. Bartol. Murillo. Die heilige Familie.
29. Bartol. Murillo. Ein Strassenjunge.
**30. Diego Velasquez. Männliches Bildniss.
31. Diego Velasquez. Bildniss eines Papstes.
**32. Bartol. Murillo. Maria mit dem Jesukinde, welches drei Missionären Brod reicht.
**33. Bartol. Murillo. Ein Mann mit einem Spaten.
*34. Juan de Juanz. Der Heiland.
35. Bartol. Murillo. Die Flucht nach Aegypten.
36. Petro de Nunez. Ein Knabe mit zwei Hunden.
37. Bartol. Murillo. Eine Bauerndirne mit einem Spinnrocken.
*38. Diego Velasquez. Ein vornehmer Mann zu Pferde.
39. Vincenzo Carducco. Die heilige Jungfrau mit dem Jesukinde auf einem Baume, unten der heil. Franciscus.
**40. Pedro Moya. Sein eigenes Bildniss.
41. Louis de Vargas. Maria mit dem Jesukinde.
42. Nik. de Villacis. Maria mit dem Jesukinde und der heil. Theresia.
43. Miguel Martinez. Der geduldige Hiob.
44. Alonzo Sanchez, genannt Coello. Die Anbetung der heil. drei Könige.
45. Anton Villadomat. Der Tod des heil. Antonius des Einsiedlers.
46. Alonzo Cano. Der heil. Johannes der Evangelist auf Pathmos.
47. Miguel Martinez. Kopf eines alten Mannes.
48. Bartol. Murillo. Der heil. Josef mit dem Jesukinde.

49. Claud. Coello. Geburt Christi. Copie nach Rubens.
50. Josef Ribera, genannt Spagnoletto. Die Marter des heil. Andreas.
51. Franc. Zurbaran. Der heil. Joseph.
52. Louis de Vargas, Christus am Oelberge.
53. Anton Pareda. Die heil. Dreifaltigkeit.
*54. Geronimo. Espinosa. Der heil. Sebastian.
55. Nuno Gonzalez. Johannes der Täufer.
56. Juan Carrenno. Der heil. Dominicus.
57. Math. Preti, genannt Calabrese. Grablegung Christi.
58. Luca Giordano, Venus und Adonis.
59. Bartol. Manfredi. Das italienische Spiel á la mora.
60. Luca Giordano. Flucht nach Egypten.
61. Salvator Rosa. Landschaft mit einem Wasserfall.
62. Salvator Rosa. Landschaft , Gegenstück des Vorigen.
63, Franz Furini. Venus und der todte Adonis.
*64. Fra Bartolomeo. Maria mit dem Jesukinde.
*65. Leonh. da Vinci. Maria mit dem Jesukinde.
66. Jac. Carrucci, genannt Da Pontormo. Maria mit dem Kinde und die heil. Anna.
*67. Andr. del Sarto. Die heil. Familie.
*68. Andr. del Sarto. Maria mit dem Jesukinde, der heil. Sebastian und der heil. Rochus.
**69. Leonh. da Vinci. Maria mit dem Jesukinde, die heil. Katharina und die heil. Barbara.
**70. Bernh. Luini. Maria mit dem Jesukinde, Elisabeth und Johannes.

Ausser den hier aufgeführten Kunstwerken ist die Eszterházy-Gallerie auch im Besitze einer sehr reichhaltigen *Kupferstich-* und *Handzeichnungen-Sammlung* mit ungefähr 54,000 Blättern, unter welchen sich ausser verschiedenen grossen Galleriewerken eine sehr reiche Sammlung Rembrandt'scher u. a. Radirungen, Dürer'sche Holzschnitte und Zeichnungen etc.' befinden.

Diese Sammlung ist leider noch nicht der allgemeinen Benützung übergeben, aber Kunstfreunde, die sich für dieselbe interessiren, erhalten auf persönliche Anmeldung beim Galleriedirektor, Herrn Kratzmann leicht Zutritt.

In derselben Etage, wie die Eszterházy'schen Sammlungen, aber mit dem Aufgange vom Hofe befindet sich die Lokalität des *ungarischen Landesvereins für bildende Kunst*, mit permanenter Ausstellung, moderner Kunstwerke, vorwiegend ungarischer Künstler. Entrée für Mitglieder gratis, ausserdem 15 Nkr.

Kunstfreunde empfehlen wir ferner die ziemlich reichhaltige und gutgeordnete:

v. Ráth'sche Kunstsammlung,

(Dreikronengasse Nr. 2.)

Auf vorherige Anfrage beim Eigenthümer leicht zugänglich, mit einem recht interessanten Studienkopfe von Rembrandt, einem Mantegna'schen Fresko auf Leinwand übertragen, vielen Alterthümern der ung. Broncezeit, Radirungen und Stichen.

Das Redoutengebäude.

(Untere Donauzeile).

Dieser Steinkoloss, in einem wunderlichen Gemisch gothischen und byzantinischen Styls, dürfte
wohl jedem von der Donau Pest betretenden Fremden
zuerst in die Augen fallen. Das Gebäude, das mehr
durch seine Massenentfaltung, als durch Durchbildung
seiner Detailformen imponirt, wurde 1859—65 vom
Pester Architekten *Feszl* erbaut. Bestimmung des Bauwerkes war, dem seit Demolirung des alten Redoutengebäudes (durch Bombardement 1849), das sich an
der Stelle des jetzigen befand, immer fühlbarer wer-
denden Mangel an öffentlichen Unterhaltungslokalen,
resp. Sälen abzuhelfen. Diesem seinem Zwecke ent-
sprechend, enthält das Gebäude im ersten Stocke zwei
colossale Säle, in seinen Parterrelokalitäten ein geräumiges Gast- und Kaffeehaus. Den Raum zwischen
den, vorbenannte Lokale enthaltenden Flügeln, nimmt
die grossartige Blumenhalle der Herren Fleischmann
und Weber ein, deren Besuch wir (jederzeit gratis),
wegen des sehr schönen Arrangements und reichen
Pflanzen-Sortimentes angelegentlich empfehlen. In das
Innere des Baues gelangt man (entweder von der
Deákgasse oder Theatergasse) durch die geräumige
Säulengeschmückte Halle, welche das Gebäude seiner
ganzen Breite nach theilt, und genügenden Raum zur
Auffahrt der Wagen, sowie Gänge für Fussgeher bie-

tct. Durch drei Thüren gelangt man in das Treppenhaus, (Entrée 20 Neukr., Kanzlei im Corridor
links), das durch seine gewaltige Höhe, einen zugleich imponirenden und beängstigenden Eindruck
macht. Die nicht sehr breite Treppe theilt sich in ihrer halben Höhe in zwei Aeste, die auf einen breiten
Corridor führen, von wo aus die Beschauung der in
nachstehenden Zeilen geschilderten Fresken am leich-
testen sein dürfte. Bei der Stiefmütterlichkeit, mit
der die monumentale Kunst bei uns stets behandelt
wurde, war es gewiss ein erfreuliches Zeichen der
Zeit, dass die Commune von der eine Million Gulden
betragenden Bausumme auch einige Tausend Gulden
für künstlerische Ausschmückung des Monumental-
baues verwendete. Mit Hülfe dieser und einiger anderen tausend Gulden, die das Ministerium für Cultus
und Unterricht zuschoss, wurde es den beiden tüch-
tigen Künstlern Than und Lotz (beide Schüler Rahl's)
ermöglicht, Ende 1866 den ganzen Cyclus der Fresken zu beendigen.

Der Cyclus behandelt das ungarische Volks-
märchen „*Tünder Ilona*" (Feen-Helene) in 12 kleineren Friesbildern (von Lotz), und einem grossen
Mittelbilde (von Than). Der Cyclus beginnt, vom
Corridor betrachtet, in der rechten Ecke vis-á-vis
desselben:

1. Feen-Helene, die zwar selbst Fee, dennoch
unter dem Einflusse einer alten mächtigeren Zaube-
rin, der Winterkönigin, steht, pflanzt in ihrer Sehn-
sucht nach dem befreienden Sonnengotte, in dem
Garten des mythischen Königs Argilus einen Baum,
der goldene Aepfel trägt. Eine der Dienerinnen stützt
sich am Boden kniend auf den Spaten, die andere
ist im Begriffe, die Wurzeln des Baumes in den Bo-

den zu versenken, während an der einen Seite eine Gruppe von drei auf der anderen zwei ihrer Gefährtinnen zusehen.

2. Der Baum hat Früchte getragen, welche allnächtlich von der auf einem Schwane sitzenden Feen-Helene und zweier ihrer Dienerinnen gepflückt werden. Weiter unten senkt der geflügelte Wind, durch Bestreuen mit Mohnkörnern, die bewaffneten Wächter des Baumes in Schlaf.

3. Der Königssohn hat selbst die bisher fruchtlose Bewachung des Baumes übernommen, und will eben einen Pfeil nach der auf ihrem Schwanenwagen einherschwebenden Feen-Helene entsenden, da entflammt sein Herz plötzlich in Liebe zu der schönen Fee und der Pfeil fällt zu Boden.

4. Das Liebespaar ist in Sinnengenuss, unter dem Baume in Schlaf gesunken, da eilt rechts die neidische Winterfee herbei und schneidet Helenen die goldigen Locken ab. Links kommen die über diese Scene erstaunten Eltern des Helden herbei.

5. Zauberhelene entflieht den Armen ihres Geliebten, besteigt mit Trauer im Antlitz ihren Wagen, welchem die Gefährtinnen voranschweben. Vergebens fleht sie der Königssohn an zu bleiben, ihr Loos ist Trennung.

6. Diese zu einem längeren Friesstreifen ausgedehnte Composition stellt den Abschied des Helden von seinen Eltern dar. Rechts ist der Waffenträger des Jünglings und ein Diener der zwei Pferde bereit hält. Links stehen dem Abschiede zusehende Hofleute.

7. Der Held ist bei einem Riesen angekommen, der ihn freundlich aufnimmt und ihm durch seine Hexen den richtigen Weg zeigen lässt. Der Held hat nun, um seine Wiedervereinigung mit Feenhelene zu erlangen, mehrere Kämpfe zu bestehen; auf Blatt

8. sehen wir ihn im Kampfe mit drei Riesen. Der Königssohn hat ihnen ihre Zauberinstrumente (den Zaubermantel, Peitsche und Pfeife), die ihm zur Ausführung seines Vorhabens nöthig entwendet, die drei Riesen eilen dem Entwender nach und bewerfen ihn mit Felsblöcken, er aber enteilt auf dem durch die Lüfte flatternden Zaubermantel.

9. Der Held kommt im Feenlande an und trifft seine Vorbereitungen zum Drachenkampfe.

10. Die Winterfee gewinnt noch einmal Gewalt über den Helden und lässt ihn so fest einschlafen, das selbst seine Geliebte ihn nicht zu erwecken vermag und verzweifelnd in ihren Palast zurückkehrt.

11. Der Held, an dem Erfolge verzweifelnd, will sich mit seinem eigenen Schwerte das Leben nehmen, wird aber daran durch eine dritte Fee verhindert, die mit dem Flügelrosse (Táltos) erscheint.

12. Bildet das grosse Mittelbild Thans (Länge 32' Höhe 16'). Die Wiedervereinigung Feen-Helenens mit dem Königssohne. Auf der rechten Seite (vom Beschauer) sitzt die Fee von ihren Dienerinnen umgeben, eine derselben kämmt Helenens goldiges Haar. Hinter dem Sitze erhebt sich ein Baum mit goldenen Früchten, auf welchem der Windknabe (Szél úrfi) die Gesellschaft durch Harfenspiel ergötzt. Zu den Füssen der Fee spielen die Amoretten mit den goldenen Früchten des Baumes. Von Links stürmt der Königssohn auf seinem Flügelrosse heran, welches von einer schwebenden weiblichen Gestalt am Zügel gehalten wird. Zwei jugendliche Frauen tragen die Waffen des Helden, ganz im Vordergrund schwebt Hymen mit brennender Fackel. Drei Nixen fliehen, von der plötzlichen Erscheinung erschreckt, in das Schilf des Flusses. Den Hintergrund bildet eine sonnige Landschaft, links Wald und Berg, rechts der Feenpalast.

13. Ueber dem oben geschilderten Hauptbilde sehen wir den Schluss des Cyclus: Die Hochzeitsfeier des liebenden Paares, welches sich auf einem

zweisitzigen Throne in der Mitte des Bildes befindet.
Die langgestreckte Composition belebt durch Amo-
retten, Geschenke darbringende und tanzende
Gruppen.

Die Friesbilder sind auf Goldgrund gemalt,
den der Künstler mit feinem Gefühl zur Anwendung
brachte, denn Luftgrund hatte die Decke scheinbar
der Stütze beraubt. Leider lässt das hohe und enge
Oberlicht den Goldgrund schmutzig erscheinen, wie
denn auch das feine ideale Colorit der Friesbilder
unter den starken Schlagschatten des Gesimses
leidet.

Die übrigen Wandstellen des Treppenhauses
sind durch überlebensgrosse Einzelfiguren von Than
ausgefüllt, über jeder derselben ein Genius. Die Musik ist charakterisirt durch die Leier und eine über
ihr schwebende Nachtigall, ihr Genius bläst die Flöte
Den Tanz stellt eine hüpfende Figur dar, ihr Genius
bläst den Dudelsack. — Die Poesie hält Leier und
Schriftrollen in den Händen, ihr Genius die brennende Fackel und den Lorbeerkranz. — Die Dekla-
mation hält ein Buch in der Linken, ihr Genius trägt
Schriftrollen in einem antiken Behälter. — Der Hu-
mor hüpft mit seinem Scepter unter der Schellen-
kappe einher, sein Genius reitet auf einem Thyrsus
und hält eine komische Maske in Händen. — Die
Liebe prüft die Spitze eines Pfeils an ihrem linken
Zeigfinger, über ihr holt Amor einen andern Pfeil
aus seinem Köcher.

Zwei grosse Flügelthüren, rechts und links
des Orchesters, führen in den grossen Hauptsaal,
der durch seine fast abenteuerliche Grösse und fan-
tastische Dekoration Bewunderung erregt. — Der
Saal hat bei einer Länge von 100 Fuss. 50 Fuss

6*

Breite, und die ganz unverhältnissmässige Höhe von
65 Fuss, welche Höhe sich scheinbar noch dadurch
vergrössert, dass die Decke ganz flach ist. Die in
schöne geometrische Figuren getheilte Decke erhielt
ihren künstlerischen Schmuck durch vier Zwickelbil-
der von M. Than, die vier Flüsse des Landes in
Rubens'scher allegorischer Auffassung durch ein Paar
(Mann und Weib) charakterisirt. Der Donaustrom
wird durch seine kolossal gestalteten Repräsentanten
markirt, über dem Theissstrome schwebt einem lich-
ten Gewölke ähnlich Délibáb (die ungarische fata
morgana). An der Seite des Draveflusses erscheint
eine weibliche Gestalt in serbischer Nationaltracht
und hinter dem Savepaare steht das Grenzzeichen,
ein römischer Terminus, von einer Moschee überragt.
An den beiden Langseiten des Saales ziehen sich
durch Doppelsäulen getragen Gallerieen hin, zu denen man auf einer, im nördlichen Pylon angebrachten Treppe emporsteigt. Die nördlich des grossen
Saales gelegene Credenz ist von ersterem durch eine
ebenfalls von Doppelsäulen getragene Loggia ge-
trennt. Diese Credenz wird durch zwei, an der
östlichen und westlichen Seitenwand angebrachte
Fresken geschmückt. Die der westlichen Seitenwand
von *Moritz Than* in Pest: „Attila-Gastmahl", nach
der Schilderung des römischen Geschichtsschreibers
Priscus; stellt den grossen Hunnenführer auf dem
Throne sitzend im Kreise seiner Krieger dar, lau-
schend dem Gesange seiner Barden, die den Ruhm
der Väter und die Thaten der Vorzeit singen. Im
Vordergrunde Gruppen junger Männer, deren Kampf-
begierde durch den Gesang angefacht wird und Greise
die vor sich hinbrütend der längstentschwundenen

Zeiten gedenken. — Ueber dem Credenztische vier allerliebste Medaillons als Fresko ausgeführt von *K. Lotz*, allegorische Kindergruppen, die Liebe, den Tanz etc. vorstellend. — Die Freske der östlichen Wand schildert uns eine Scene aus Mathias Corvinus Leben von *Alexander Wagner*: König Mathias hat den böhmischen Ritter Holubar im Turnier besiegt, und reitet im Triumphe an die Damenschaubühne, um den Siegespreis aus den Händen seiner Gemalin zu empfangen.

Hiemit haben wir den künstlerischen Theil des Bauwerkes erledigt und bleibt nur der, sich südlich dem grossen Prunksaale anschliessende kleine Saal zu erwähnen, der zu kleineren Gesellschaftsbällen und Musikaufführungen häufig benützt wird. An diese beiden Säle schliesst sich eine Reihe von geräumigen Restaurationslokalitäten an, unter denen namentlich der erste, mit einer Gallerie versehene Speisesaal, als praktisch und geschmackvoll erwähnt zu werden verdient.

Die kolossalen 4 bronzenen Gasluster sind aus der Fabrik von Hollenbach in Wien, und nicht ohne Originalität, nur etwas zu massig.

Zur Vollendung des Bauwerkes fehlt noch eine Menge plastischer Schmuck, so z. B. Statuen im Innern des Saales, dann auf den Consolen der Loggia des ersten Stockwerkes, zu deren Ausführung die Commune bis dato mit ihren Mitteln nicht ausreichte. Die in der Höhe des ersten Stockwerkes sich um die vier Eckpilaster schlingenden Gruppen von Tänzerinnen in Hautrelief, von Alexy, können uns diesen Mangel kaum vergessen lassen. An die rück-

wärtige Seite des Redoutengebäudes lehnt sich die
leider nicht einmal malerische Ruine des alten (in
den 30 Jahren berühmten) deutschen Theaters, die
einem von der Komune aufzuführenden Nutzbau, mit
Kaufhallen, Bazar etc. Platz machen soll.

Bedeutendere Kirchen und Bethäuser.

Was an älteren Kirchen und Klöstern in Pest existirte, wurde durch die Tartaren und Türkenstürme bis auf wenige Ueberreste weggefegt, was nach dieser Zeit entstand, fällt schon in die Zeit des tiefsten Verfalls der Kunst, und so kommt es, dass eine Stadt von der Grösse Pest's kein einziges wirklich bedeutendes Gotteshaus aufzuweisen hat. Die älteste Kirche ist die der inneren Stadt angehörende *Hauptpfarrkirche* zwischen der Donau und dem Stadthause gelegen, ein ziemlich unbedeutendes zweithürmiges Bauwerk, das der Spekulationsgeist der 50-er Jahre mit einer Anzahl von Krämerläden vollends verbaute.

In ihren verschiedenen Theilen zu verschiedenen Zeiten entstanden, ermangelt sie jeder Einheit des Styls und Eindruckes. Während die gegen die Donau gekehrte Seite derselben im Jahre 1726 im Spätrenaisance Style erbaut ist, datirt der gegen das Stadthaus gerichtete Theil aus 1500 und ist in gothischen Styl gehalten, was besonders im Innern unangenehm stört. Das Innere ist mit Altären und Bildern reichlich, aber in schlechtem Geschmack ausgestattet. Bemerkenswerth im Sanctuarium das Grabmal des Feldmarschall Kray und das Monument Kulcsár's von Ferenczy. Die schöne gothische Dreifaltigkeitssäule auf dem freien Platze vor der Kirche ist vom Wiener Bildhauer Halbig 1863 aufgestellt.

Das umfangreiche Gebäude in nächster Nähe der Kirche ist das Piaristenkloster mit Gymnasium; bietet nichts bemerkenswerthes.

Unstreitig noch die schönste Kirche Pests ist die zwischen dem Universitäts- und Seminargebäude befindliche *Universitätskirche.* Erbaut im Style der besseren Renaissance, birgt sie in ihrem Innern recht gute Fresken von Bergl aus Krems aus dem Ende des vorigen Jahrhunderts. Die Kirche wurde im Jahre 1698 von den Paulinern erbaut, in deren ehemaligem Kloster nun die juridische und philos. Fakultät der Universität untergebracht ist. Auf dem Franziskanerplatze erhebt sich die dunkelbraune verschnörkelte Masse der *Franziskanerkirche*, erbaut 1690. In der Gruft derselben ruht der 1849 erschossene Louis Batthyányi.

Die Kirche der englischen Fräulein (Leopoldgasse) und der Servitten bieten nichts bemerkenswerthes.

1851 begann man an der Stelle der 1849 zerstörten Leopoldstädter Kirche einen neuen grossen Dom, im Stile der Peterskirche in Rom, zu bauen Der Bau schreitet jedoch nur langsam vor.

Die Josefstädter Kirche, 1797 erbaut und 1852 erneuert, hat ein gutes Altarblatt von Kuppelwieser.

Am Franz Deákplatz steht die Kirche der *evangelischen Gemeinde*, 1799 erbaut, sieht sie soeben einer gänzlichen Renovation entgegen.

Die Kirche der *reformirten Gemeinde* befindet sich auf dem Heuplatze in der Nähe des Museums und wurde 1816—30 erbaut, im Innern befindet sich ein sehr schönes Marmordenkmal einer Gräfin Zichy.

Die Kirche der *griechisch Nichtunirten* an der unteren Donauzeile mit einem rothmarmornen Portale ist besonders durch ihr Inneres bemerkenswerth. Dem orientalischen Ritus angemessen, ist sie über und über mit Vergoldungen und byzantinisch gehaltenen Heiligenbildern ausstaffirt. Der Chor ist durch eine, aus Bildern zusammengesetzte Wand (Iconostas) vom Schiff geschieden. Der Sonntags mit allem Pompe des oriental. Rituals abgehaltene Gottesdienst bietet viel ethnographisches Interesse.

Noch bleibt uns der in der Tabakgasse befindliche israelitische Cultustempel zu erwähnen übrig. Ein schöner maurischer polychromer Backsteinrohbau in den fünfziger Jahren von dem Wiener Architekten Förster erbaut. Das zierliche Innere mit seinen, auf gusseisernen Pfeilern ruhenden Emporen ist beim Abendgottesdienste brillant mit Gas beleuchtet. (Jederzeit gegen Anmeldung beim Hausmeister zugänglich).

Andere öffentliche Gebäude und Rundschau in Pest.

Pest ist nicht eben reich an solchen, in der *inneren Stadt* erwähnen wir vor allem, als dem Sitze der städtischen Behörden, das *Rathhaus*, ein drei stöckiger einfacher Bau mit einer Reihe von allegorischen Statuen als Bekrönung und einem viereckigen Thurme. — Vor dem Rathhause werden die Wochenmärkte (Dienstag und Freitag) abgehalten, und herrscht dann hier das regste Leben. Die auf auf diesen Platz mündende Waitznergasse is der

eigentliche Corso von Pest. Hier sind die elegantesten Läden und Kaffeehäuser, die brillantesten,
mit Wien wetteiferndenden Schaufenster der Mode-
magazine, Goldwaarenlager, Galanterie-, Buch- und
Kunsthandlungen etc., die vereint mit dem ab- und
zuwogenden kaufenden und flanirenden Publikum,
ein bewegtes Bild hauptstädtischen Lebens bieten,
das sich allmälig auch über die benachbarte Herren-,
Deák- und Dorotheagasse erstreckt. (Nachweisungen
über einzelne Geschäftsfirmen etc. siehe in der zweiten Abtheilung dieses Buches).

Ebenfalls in der inneren Stadt auf dem gleichnamigen Platze befindet sich das *Universitätsgebäude*,
ein ehemaliges Klostergebäude ohne architektonischen Reiz, auch im Inneren ungenügend und eng.
Auf dem durch die Universitätsgasse (Nro 7 Káro-
lyisches Palais, Nr. 4 Heckenast'sche Verlaghandlung
und Druckerei) mit obbenanntem Platze verbunde-
nen *Franziskanerplatze* befindet sich der Prachtbau
der Pester Sparkasse mit Eckpavillon und vergolde-
ter Kuppel und das unansehnliche Gebäude der
Universitätsbibliothek (täglich, mit Ausnahme der
Sonn- und Festtage, geöffnet von 9—12 und 4—7
Nachmittags), mit etwa 120,000 Bänden, viele Manuscripte, einige Codexe mit Miniaturen, reichhaltige
Sammlung von Hungarica. Von hier gelangt man
durch die Grenadiergasse (rechtes Eckhaus, Postge-
bäude) zum *Komitatshause*, ein umfangreicher zweistö-
ckiger Bau mit Sitzungssälen etc. Sitz der Komitats-
behörden. In dessen Nähe der Riesenbau des *Inva-
liden-Palais*, mit imposanter Facade im italien. Re-
naissance-Stile. Ueber dem Mittelportal, ein die
Weltkugel tragender Atlas und andere allegorische

Sculpturen aus dem Anfange des vorigen Jahrhunderts. Der ganze Bau hat bei einer Länge der Hauptfront von 600 Fuss, einen Flächeninhalt von 12,000 □ Klafter. Ursprünglich zum Invalidenhaus bestimmt, ist er seit Jahren Caserne.

Die *Leopoldstadt* mit ihren grossartigen Zinspalästen (darunter das *Ganz*'sche Haus an der oberen Donauzeile, eines der geschmackvollsten) hat ebenfalls wenige öffentliche Bauten. Auf dem Kettenbrückenplatze finden wir rechts (von der Donau aus) das *Lloydgebäude* mit Säulengetragenem Porticus. Sitz der Lloydgesellschaft und der Redaktion des „Pester Lloyd", ebenso der *Börse* und des *Telegrafenamtes*. Diesem vis-á-vis erhebt sich der Prachtbau der Akademie (s. unt. Akademiegebäude). Der Platz zwischen beiden ist zur Aufstellung eines Monumentes für den grossen Patrioten Széchenyi bestimmt. Südlich der Kettenbrücke dehnt sich eine Reihe von Neubauten aus die nach ihrer Vollendung eine Hauptzierde der Stadt zu werden versprechen.

Nördlich von der Akademie liegt das Gebäude der Donaudampfschiff-Gesellschaft (Bureau, Wartezimmer etc.)

Der Quai unterhalb dieser Bauten dient als Haupt-Ein- und Ausladeplatz der Dampfschiffe, die immer in grosser Menge ober- und unterhalb des Brückenkopfes ankern.

Von dem (Kettenbrücken) Franz Josefsplatze gelangt man auf den Josefsplatz, mit dem am 25. April 1869 enthüllten Erzmonumente des Palatin Josef, Erzherzog von Oesterreich, des Mannes der durch ein halbes Jahrhundert unermüdlich für das Aufblühen der Stadt Pest thätig war. Das Standbild aus

Bronce auf granitenem Sockel ist ungefähr 4½ Klafter hoch und wiegt 85 Centner, vom Münchner Bildhauer Halbig modellirt und in der weltberühmten k. Erzgiesserei in München gegossen. Es stellt den Palatin im Festornate des Stephanordens dar, mit entblösstem Haupte, die Rechte hält den Kalpag mit dem Reiherbusch. Die bei 40,000 Gulden betragenden Kosten des Monumentes wurden durch Subskription von der Bürgerschaft Pest-Ofens aufgebracht. Weiter gehend gelangt man zu dem in eine stark besuchte Promenade (Kiosk rechts) umgewandelten Elisabethplatz in dessen Mitte sich der Riegelwandbau des deutschen Theaters erhebt. Von hier gelangt man durch die 3 Kronengasse zum *Neugebäude*, einer Riesenkaserne mit vier Pavillons und einem 9900 ☐ Klafter grossen Hofe. Unmittelbar nach der 48-er Revolution als Gefängniss und Hinrichteplatz, (auf den Holzplatze hinter dem Gebäude) politisch Compromitirter, von trauriger Berühmtheit.

Ausserhalb des Neugebäudes liegt der eigentliche Fabriksdistrikt Pests, hier sind die grossen Dampfmühlen (Walzmühle, Panoniamühle, erste Pest-Ofner Dampfmühle, Unio-, Louisen- und Viktoria-Mühle, Haggenmachers Etablissement) die das ungarische Getreide für den Weltmarkt vermahlen. Die Königsbrauerei, mit grossem Garten und Restauration „*Neue Welt*".

Die Theresienstadt enthält mehrere Humanitätsanstalten, so das Blindeninstitut, (Königsgasse) Mädchenwaisenhaus und israelitisches Krankenhaus (Fabriksgasse) Handlungsspital (Lindengasse) mit hübschem Garten, das Elisabethinum Armenhaus (Waldzeile.)

Ihrer ganzen Länge nach wird die Theresienstadt durch die Königsgasse durchschnitten, (vom
Deákplatz bis zur Schiesstätte) einer engen äusserst
belebten Strasse die namentlich als Verbindung der
inneren Stadt mit dem einzigen bedeutenderen Er-
holungsorte, dem Stadtwäldchen (Siehe weiter unten)
an schönen Sommertagen stark frequentirt ist, an
Bauten aber wenig bemerkenswerthes bietet. Rechts
das im gothischen Style gebaute Peckarysche Haus
und am Ende der Gasse die Schiesstätte eine ge-
schmackvolle Anlage mit Restaurationsgarten und
schönem Tanzsaale. (Abends fast täglich Musik).

In der Josefstadt, dem Stadttheile zwischen
der Kerepescher und Üllöerstrasse, finden wir am Anfange der ersteren das ungarische Nationaltheater (Oper und Schauspiel besonders interessant,
ung. Volksstücke in meisterhafter Aufführung) ein
nicht sehr umfangreicher Bau mit Porticus zur Auffahrt der Wagen, 1840 erbaut und theilweise durch
Beiträge des Adels (zu einem Theaterfonde) theilweise durch Subvention unterhalten. Das Innere aus
zwei Logenreihen und einer Gallerie bestehend, wurde
erst vor einigen Jahren einfach aber geschmackvoll
(weiss und blau) dekorirt. In dem, vor dem Theater befindlichen Vorgärtchen steht die Statue des
ungarischen Schauspielers Lendvai.

Über das in der Nähe befindliche Museum
siehe Seite 31. — Vis-á-vis dem Museum (Sándorgasse)
liegt das in geschmackvollem Renaisancestile (Archi-
tekt Ybl) erbaute Landhaus, in welchem der ungarische Reichstag seine Sitzungen hält. Die vordere
Fronte enthält die Bureaus für die Commissionen,
und Stenographen. Der rückwärtige Theil wird durch

den grossen durch Oberlicht erhellten, oblongen Si-
tzungssaal ausgefüllt. Das Publikum hat Zutritt auf
den, den Saal an drei Seiten umgebenden Gallerien,
gegen Eintrittskarten die am Sitzungstage (durch
Plakate an allen Ecken annoncirt) in der Quästur-
kanzlei des Hauses ausgegeben werden. Ausser der
Sitzungszeit erhält man Zutritt auf Anmeldung beim
Portier.

In der hinter dem Museum gelegenen Ler-
chengasse liegt das Festetich'sche Palais in moder-
nem französischen Palaststile, dann das Grf. Károlyi-
sche Palais in zierlichem Renaissancestile von zwei
Giebeln bekrönt mit schönem Vorbau und als Wintergarten eingerichtetem Hofraume. Zwischen diesen
beiden Palästen liegt die Nationalreitschule, ein
zierlicher Hallenbau 1858 von einer Gesellschaft ung.
Magnaten erbaut.

Ausser den soeben angeführten zwei Palais
sind in der nächstem Umgebung des Museums noch
eine Reihe von Palais ungarischer Magnaten (Károlyi,
Zichy, Redl, Pálfy) im Bau und scheint es die Absicht des ungarischen Adels zu sein in dieser Gegend
ein Pester Faubourg St. Germain zu schaffen.

So ziemlich am Ende der Kerepescherstrasse
befindet sich das Rochusspital: das allgemeine Krankenhaus von Pest mit 600 Betten 1796 erbaut, mit
kleiner Capelle. Am Ende der Kerepesserstrasse
liegt gegen rechts der neue allgemeine Friedhof mit
zahlreichen schönen Grabmonumenten und Grabka-
pellen, hier ruhen der grössere Theil von Pests berühmten Todten: Vörösmarty, Szalay, Egressy, Fay
Päkh u. s. w.

An der Üllöerstrasse die die Grenzscheide zwischen der Josef- und Franzstadt bildet, finden wir rechts die colossale Üllöerkaserne, links das Josefinumwaisenhaus, und den botanischen Garten mit sehr schönem Palmenhause und reichem Pflanzenschatz (Direktor Jurányi). Am Ende der Üllöerstrasse liegt das umfangreiche Gebäude des Ludoviceums einst zum Erziehungshause für ung. Offizierszöglinge bestimmt, seit 1849 Militärspital, soll es gegenwärtig wieder seiner ursprünglichen Bestimmung zurückgegeben werden. Hinter diesem Gebäude der ziemlich ausgedehnte Orczy-Garten (Restauration im Garten links) mit kleinem Teiche und sehr hübschen Anlagen. Sonntags Tummelplatz der Josef- und Franzstädter Jugend. (Pferdebahn von hier bis zur inneren Stadt).

Spaziergänge: Das Stadtwäldchen.

(Omnibus jede Viertelstunde, 10 Nkr. Pferdebahn von Heuplatz oder Landstrasse Invalidenpaluis, 10 Nkr.)

Ist der besuchteste Ort des an Anlagen armen Pest. Besonders an schönen Frühlingsnachmittagen, zur Zeit der Rennen etc. ist es der Versammlungsort der ganzen eleganten Welt Pest's. Zwei Fahrwege und ein Reitweg führen vom Ende der Königsgasse durch eine schattige Kastanienallee in die von Wiesenplätzen und kleinen Wäldchen gebildeten ziemlich umfangreichen Anlagen. (338 Joch) Die hübscheste Partie derselben ist unstreitig der grosse Teich mit seinen beiden Inseln: Die Pfaueninsel (mit Restauration und Bierhaus) durch zwei Brücken mit dem Ufer verbunden, und der durch eine Hängebrücke zugänglichen Drahtinsel mit Kiosk (Kaffee, Eis etc.) Ausserdem befinden sich im Stadtwäldchen noch zwei Gasthäuser, die grosse Dreher'sche Bierhalle und das sogenannte Botzenhaus, dann eine grosse Zahl von improvisirten Schänken. Buden Schaukeln und zwei Caroussels.

Im rückwärtigen Theile des Stadtwäldchens finden wir die in gothischem Style gehaltene Herminenkapelle (zum Andenken an die verstorbene Erzherzogin Hermine) und zahlreiche Villen (Bartlsche Villa mit zahlreichen Gewächshäusern). Links von der Herminenkapelle das Etablissement von Kle-

mens, gute Restauration und Bier. — Rechts vom
Eingange des Stadtwäldchens zweigt ein Weg ab, der
zur neuerbauten Arena führt, in welcher an schönen Sommerabenden durch die Pester deutsche
Schauspielgesellschaft Vorstellungen (Lustspiele, Pos-
sen etc.) gegeben werden, gegenüber der Arena befindet sich auch eine Restauration.

Den interessantesten Theil des Stadtwäldchens bildet unstreitig:

Der zoologische Garten.

*(Omnibusse nach allen Gegenden der Stadt 10 Nkr. Entré im
Thiergarten 20 Nkr, für Aktionäre gratis.)*

Er wurde 1866 nach dem Muster der in allen
grösseren Städten (Dresden, Frankfurt etc.) beste-
henden Thiergärten, durch eine Actiengesellschaft
ins Leben gerufen, und erfreut sich das Unternehmen so grosser Theilnahme von Seite des Publikums, dass die Weiterentwicklung desselben gesichert
scheint. Der Park der Gesellschaft befindet sich links
vom Eingange insStadtwäldchen.Der Eingang von schattigen Bäumen umgeben, ist flankirt vom Brunnenhause
und Bureau. Vis-á-vis demselben gewahren wir die Bärenhöhle; von zwei siebenbürgischen Bären bevöl-
kert. (Wenn die Mittel der Gesellschaft ausreichen
ist für später der Bau eines grossen Bärenzwingers
projectirt, der durch zahlreiche schon jetzt als Geschenk angebotene Thiere leicht zu bevölkern sein
wird.) Rechts vom Eingange das Giraffenhaus, mit
zwei Giraffen, Geschenk aus der Schönbrunner Me-
nagerie. Links von der Bärenhöhle liegt die sehr
geräumige Raubvogel-Voliére mit sehr schönen

7

Falken, Adlern und Geiern. Von hier aus weiter
links gehend gelangt man in die im Schweizerstyle
erbaute Restauration mit sehr geschmackvoller Mu-
siktribüne. (Militärmusik täglich). Die Restauration
links liegen lassend, gelangt man an den grossen
Teich mit Wasserfall und sehr zahlreicher gefiederter
ter Bevölkerung von: Schwänen, grauen- Wild- und
Touloner Gänsen; Wildenten, Bisamenten, Reihern,
Kranichen, Störchen, Ibis und Rohrhühnern.

In der linken Ecke des Gartens liegt das Af-
fenhaus mit angebauter Winterwohnung der Affen.
Dieser Käfig bildet den Hauptanziehungspunkt namentlich der kleinen Besucher. Rechts vom Affen-
hause durch eine Allee welche von Papageien bevöl-
kert ist gelangt man zur Eulenburg, einer roman-
tischen Burgruine. Dieselbe beherbergt in ihrer
unteren Etage auch zahlreiche Füchse und junge
Wölfe. Noch weiter rechts liegt das Fasanenhaus
ein langgedehnter Bau, mit zierlicher Holzarchitek-
tur, mit mehreren sehr schönen Exemplaren dieses
prachtvoll befiederten Vogels. Mit Rebhühnern,
Auerhähnen etc. Auf demselben Wege weiter fort-
gehend, gelangt man zum Hühnerstall, ein nied-
riges langes Gebäude, mit 21 Abtheilungen und sehr
zahlreicher lärmender Bevölkerung. Zwischen dem
Hühnerstall und der Raubvogel-Volière liegt der Behälter für die Känguruh und Murmelthiere.
Den Weg am Hühnerstalle vorüber weiter verfolgend
gelangt man zum Kameelhaus, in Form einer
Hürde in orientalischem Style gebaut, mit mehreren
Exemplaren des Baktrischen Kameeles, mehreren Antilopen und auch einer Abtheilung für Strausse.
Drei schöne Büffel.

In unmittelbarer Nähe des Kameelhauses ist der Hirschstall ein runder Bau mit einem spitzen Strohdache und sechs Abtheilungen für Hirsche, Rehe und Rennthiere. In dem kleinen Dickichte nebenan steht der Schweinestall mit mehreren chinesischen Masken- und Faltenschweinen.

Rechts vom Hirschstalle steht der im ungarischen Style erbaute Schaafstall und Ziegenstall mit zehn Abtheilungen. Nicht weit vom Schafstalle befindet sich ein grösserer Wiesenplatz, auf welchem sich in mehreren Umzäumungen die amerikanischen Truthühner, Kraniche, Trappen, Sumpf und Wasservögel befinden.

Rechts vom Maschinenhause liegt das mit einem grossen Eisendrahtnetze überzogene Fischotterbassin mit hübschen Wasserbecken. Von hier gelangt man zurück zum Ausgange. Die Bevölkerung des Thiergartens ist eine so rasch wechselnde dass es unmöglich ist dieselbe detaillirt aufzuführen wir verweisen daher auf die an den Käfigen angebrachten Täfelchen und die ausfürlichen Cataloge der Gesellschaft.

Ofen.

Bevor wir zur Schilderung der Sehenswürdig-
keiten Ofens übergehen, müssen wir dasjenige Bauwerk erwähnen, das vor allem die Aufmerksamkeit
jedes Fremden auf sich zieht.

Die Kettenbrücke

die ihren gewaltigen Bogen in kühnem Schwunge
über die Donau spannt, ist ein Werk des englischen
Architekten Tierny Clark. Der Bau derselben wurde
1840 begonnen, aber die Anlage der Fangdämme in
dem reissenden 40—50 Fuss tiefen Strome war mit
solchen Schwierigkeiten verbunden, dass die Grund-
steinlegung erst 1842 erfolgen konnte. Nach Been-
digung dieser Vorarbeiten begann man die Pfeiler
mit riesigen Mauthhausner Granitblöcken aufzuführ-
ren, auf welchen sich die beiden Brückenthore aus
Sooskuter Sandstein erheben. Die 30.000 Zentner
schweren 4 Ketten und Stangen wurden in England
geschmiedet. Im Jahre 1849 wurde der Bau beendigt, aber erst im November 1850 konnte die Brücke
dem Verkehr übergeben werden. Die ganze Spann-
weite beträgt 1230 Fuss. Der grösste Bogen zwischen beiden Pfeilern 600 Fuss, bei einer solchen
Höhe dass die grössten Dampfschiffe unter selbem

passiren können. Die vier Löwen auf den Pfeilern des Brückenkopfes sind von Marschalko. Die beiden Wappen an den Pfeilern sind die der Familie Széchenyi und Sina als Hauptförderer und Anreger des Baues.

Die Baukosten betrugen nahe an 5 Millionen. Vis-à-vis der Kettenbrücke sehen wir das dorische Portale des

Ofner Tunnels

der in einer Länge von 1080 Fuss den Festungsberg durchschneidet und die Verbindung mit der Christinenstadt und den Ofner Gebirgen herstellt. Der Bau desselben wurde in den Jahren 1853—56 unter der Leitung von Adam Clark ausgeführt.

Rechts von der Tunnelöffnung führt die neu erbaute Albrechtsstrasse in mehreren Windungen durch das Franz-Josefsthor in die

Festung.

die sich in einer Höhe von 190 Fuss über dem Spiegel der Donau auf einem langgestreckten Bergrücken ausbreitet.

Ausser dem Franz-Josefsthore, führen noch drei Thore in die Festung. Das Burgthor gegen Süden, das Stuhlweissenburgerthor gegen Westen, das Wiener Thor gegen Norden. Links vom Portale des Tunnels führt die s. g. Bergbahn, auf steil aufsteigender Bahn direct in die Festung, der Aufzug geschieht wie bei den meisten ähnlichen Anlagen (in Bergwerken etc.) mittelst starker Drahtseile und bietet die Construction derselben genügende Sicher-

heit um ohne Gefahr benützt zu werden. Mit dem
unteren und oberen Ende der Bergbahn correspon-
diren Omnibuslinien nach den verschiedensten
Richtungen. Unter den öffentlichen Bauten Ofens
beginnen wir als dem hervorragendsten mit der

Königlichen Burg:

(Zugänglich gegen Anmeldung beim Schlossverwalter, im Stallgebäude
jedoch nur in Abwesenheit des k. Hofes.

Die grossartigen Bauten, die die ungarischen
Könige hier aufführten sind unter der Herrschaft der
Türken zu Grunde gegangen, an der Stelle wo die
jetzige königl. Burg steht war einst Mathias Corvinus Palast, aber in viel grösserer Ausdehnung denn
er erstreckte sich mit den Anbauten bis an das Ufer
der Donau.

Unter der Regierung Maria Theresia's begann
man den jetzigen Bau im Zopfstile aufzuführen. Mit
einem Kostenaufwande von 402,000 Gulden wurde
derselbe 1771 zu Ende geführt. Maria Theresia be-
wohnte öfter das Schloss; 1780 wurde die von Tyr-
nau nach Ofen versetzte Universität darin untergebracht. Nach dem Abzuge der Universität war das
Schloss einige Zeit unbewohnt, später wurde es vom
Palatin Erzherzog Josef und Stephan (bis 1848) bewohnt.

Während der Belagerung Ofens brannte ein
Theil der Burg bis auf den Grund nieder. Im Anfang der 50-er Jahre erhielt selbe durch umfassende
Restauration ihre jetzige Gestalt. Der ganze Schlossbau umfasst 203 Zimmer.

Zwei grosse Thorportale führen in das Innere
der Burg. Wenn man im linken Flügel das Schloss
betritt, gelangt man über eine breite Treppe in zwei
geräumige Entreezimmer mit weissen Stukkaturen
und Vergoldungen. In einem dieser Zimmer ist En-
gerths grosses Bild „die Schlacht von Zenta" (1867
auf der Pariser Ausstellung) aufgestellt, Aus den
Entreezimmern gelangt man in den etwas schmalen
Thronsaal, in dem die grösseren Empfangsfeierlich-
keiten, Landtagseröffnungen abgehalten werden.
Die blassgelben und grauen Marmorwände desselben
sind mit äusserst zierlichen Barockornamenten verziert. Neben dem grossen befindet sich noch ein
kleiner Thronsaal zum Empfang der Deputationen
und Privataudienzen. Die Appartements J. J. M. M.
des Kaisers und der Kaiserin sind im südlichen Theile
des Schlosses. Letztere mit lichtviolletten Seiden-
damasttapeten, der Raum zwischen den Panneaux
weiss mit Gold. Die Möbeln dunkles Palisanderholz
und violette Seidendamastbezüge.

Die sechs Piecen des Kaisers sind blau-weiss
und roth-gelb tapeziert mit dunklen Mahagonimöbeln.
Die Aussicht aus den Fenstern des Schlosses auf die
beiden Städte und den Donaustrom, weit in die
Ebene reichend ist grossartig und muss einstweilen
für den fast gänzlichen Mangel an Bildern und plas-
tischen Kunstwerken entschädigen.

Im linken Flügel des Schlosses in einem be-
sonderen Gemache, unter Bewachung der eigens hiezu
bestimmten Kronwache, werden die ungarischen
Reichsinsignien aufbewahrt.

a) Die Krone des heil. Stephan. Diess
von der ung. Nation hoch in Ehren gehaltene Klei-

nod, besteht aus zwei Theilen, die ineinander gefügt
sind. Die untere Hälfte oder das Stirnband dersel-
ben ist die Krone welche Geiza II. vom griech.
Kaiser Michael Dukas 1072 zum Geschenk erhielt.
Der obere Theil mit den zwei quer übereinander lie-
genden Bogen sind Theile der Krone welche Papst
Silvester II. anno 1000 dem heiligen Stefan sandte.
Die Krone ist byzantinische Arbeit mit Emaillen und
Edelsteinen aufs reichste verziert.

b) Das Reichsscepter in Form eines Streit-
kolbens.

c) Der Reichsapfel von Gold, reich mit
Edelsteinen besetzt.

d) Der Krönungsmantel ursprünglich ein
von Gisela der Gemalin Stefans des heil. angefertig-
tes Messgewand, das später zu einem halbkreisför-
migen Mantel umgeformt wurde. Aus lichtblauem
Seidenstoffe mit reichen Goldstickereien und Inschriften.

e) Das Schwert Stephan des Heiligen.

Diese Kleinodien werden nur bei auszergewöhn-
lichen Veranlassungen z. B. drei Tage vor der Krönung zur Besichtigung des Publikums ausgestellt.

Neben dem Schlosse, an der Stelle des Palastes K. Sigismunds steht das k. Zeughaus ein ge-
räumiger Bau, der neuerer Zeit theilweise zu Wohnungen für den Hofstaat adaptirt wurde.

Gegenüber befinden sich die langgestreckten
Stallgebäude und Reitschule der königl. Burg, in den
50-er Jahren erbaut.

An die Stallgebäude reiht sich gegen Norden
das Graf Telekysche Palais (Wohnung des Erzherzog
Josef), vis-á-vis demselben das Sándor'sche Palais

(gegenwärtig Wohnung des ung. Ministerpräsidenten Gr. J. Andrássy) und das Ofner Theater ein unansehnliches ziemlich verwahrlostes Gebäude,

In Mitte des durch vorstehende Gebäude gebildeten St. Georgsplatzes erhebt sich das gusseiserne Monument zum Andenken des hier gefallenen General Hentzi (S. Gesch. d. Stadt 1849).

Unter den vielen in Ofen bestandenen Kirchen haben sich verhältnissmässig wenig erhalten. Die älteste und bedeutendste derselben ist die Pfarkirche zu Maria Himmelfahrt, sie wurde nach dem Abzuge der Mongolen von Béla IV. erbaut unter Ludwig und Sigismund, später unter Mathias renovirt, glänzend ausgestattet und reich dotirt. In ihr wurden von jeher die Hauptfestlichkeiten abgehalten. In ihren Hallen wurde 1301 Wenzel zum König ausgerufen, und 1309 Karl Robert, 1440 Uladislaus I., 1867 Franz Josef I. und Königin Elisabeth gekrönt. Auch die Vermählung Mathias mit Beatrix fand darin statt.

Unter der Türkenherrschaft gieng die Kirche ihrer gänzlichen Verwahrlosung entgegen obwohl sie als Moschee benützt wurde. Das Aeussere ist durch die Verbauung der beiden Langseiten und spätere Anbaue gänzlich verunstaltet, ebenso ist nur der untere Theil des Thurmes mit dem Wappen Mathias Corvinus alt und im gothischen Style. Der Ausbau desselben ist projectirt.

Das Innere der Kirche hat 3 Schiffe, das Mittelschiff ruht auf 12 mächtig emporstrebenden und in Spitzbogenform sich verästelnden Pfeilern. Rechts vom Hochaltere befindet sich die Reliquie Johannes des Almosengebers, und an der rechten Kirchenwand

eine alte Marienstatue. Von der Bastei hinter der
Kirche und dem Hofkammergebäude hat man eine
sehr schöne Aussicht auf die Schwesterstädte.

Auf dem Platze vor der Kirche steht eine
1715 vollendete Dreifaltigkeitssäule in üppigstem Ba-
rockstyle.

Im nordwestlichen Theile der Festung befindet sich die Kirche Joh. d. Evangelisten oder Garnisonskirche ebenfalls unter Béla IV. erbaut. Diess
war unter der Türkenherrschaft die einzige christliche
Kirche der Oberstadt. Bei der Belagerung Ofens
wurde von den Türken der obere Theil des Thurmes
abgetragen und eine Batterie auf selbem errichtet.
Erst später wurde der Thurm wieder aufgebaut. Im
Jahre 1792 wurde hier Kaiser Franz I. gekrönt.
Bald nachher 1795 war sie der Schauplatz einer
traurigen Begebenheit: Der in eine Verschwörung
verwickelte Abt Martinovics wurde hier seiner geistlichen Würde entkleidet um dann hingerichtet zu
werden. Lange wurde sie hierauf als Magazin benützt und erst 1819 wieder eingeweiht.

Die Schlosskirche zum heil. Sigismund befindet sich im nördlichen Vorsprunge der k. Burg und
ist hauptsächlich darum bemerkenswerth, weil in ihr
die rechte Hand Stephan des heiligen in einem kost-
baren (neuen) Reliquienschrein aufbewahrt wird. Bei
Gelegenheit des heil. Stephanfestes wird die heil.
Hand in feierlicher Prozession in die Hauptpfarrkirche übertragen und dort zur Verehrung ausgesetzt.

Die übrigen in den Vorstädten Ofens zerstreut
liegenden Kirchen bieten nichts bemerkenswerthes.
Von den übrigen öffentlichen Gebäuden Ofens erwäh-

nen wir noch: das Landhaus in der Nähe des Wie-
nerthores, einst ein Kloster der Clarissinen, enthält
es jetzt Ministerialbureaus.

Das Hofkammergebäude zu beiden Seiten der
Hauptpfarrkirche mit mehreren grösseren Sälen und
über 100 Zimmern.

Das Generalkommando-Gebäude in der Nähe
des Wasserthores einst ein Karmeliterkloster. Das
Rathhaus in der Nähe der Pfarrkirche 1723 nach
dem grossen Brande Ofens erbaut, ohne irgendwel-
che Sehenswürdigkeit.

Alle diese Gebäude Ofens, sind grosse Caser-
nenartige Bauten ohne jedweden architektonischen.
Reiz, meist in der desperaten Zeit des nüchternsten
Zopfthums entstanden.

Unter den Privatbauten Ofens finden sich
ebenfalls wenige in einem besseren Geschmacke gehaltene Bauten, durch seine Grösse bemerkenswerth
ist das in der Christinenstadt gelegene Karácso-
nische Palais im florentinischen Palaststile, ein
umfangreicher Bau mit grossem Tanzsaale, Theater
und Wintergarten, dessen innerer Ausbau neuerer
Zeit jedoch ins stocken gerieth. Dann das in der
Wasserstadt gelegene Realschulgebäude, ein
sehr schöner Ziegelrohbau in altdeutschem Style mit
zierlichen Giebeln und Erkern.

Alt-Ofen,

(mittelst Lokalschiff jede Stunde, 11 Neukr.)

an der Stelle des alten römischen Aquincum, von
dem sich auch noch zahlreiche Spuren erhalten haben. Gegenwärtig ein unansehnliches Nest, meist
kleine ebenerdige Häuser, eine kathol. Kirche, eine
grosse Synagoge, bieten nichts sehenswerthes. Für
Techniker von grossem Interesse ist die

Schiffswerfte

der Donaudampfschiff-Gesellschaft (Einlasskarten im
Dampfschiff-Gebäude in Pest, obere Donauzeile) ein
grossartiges Etablissement das durchschnittlich 800
bis 1000 Arbeiter beschäftigt. In demselben werden
nicht nur alle zum Dienst der Gesellschaft auf der
Donau nöthigen Schiffe, Schlepper etc. gebaut, sondern auch alle Bestandtheile der Einrichtung, von
den grossen 200 Pferdekräftigen Dampfmaschinen bis
zur Tapezierer - Arbeit der Cajüten, Tauwerk etc.
angefertigt.

Bäder.

Pest besitzt keine Mineralquellen, sondern nur ein durch Donauwasser gespeistes aber mit allem Comfort eingerichtetes Bad in dem von Herrn Pfeffer erbauten Dianabade, (vis-á-vis dem Lloyd-gebäude) das auch mit einem russ. Dampfbade aus-gestattet ist.

Dagegen ist Ofen um so reicher an den ver-schiedensten schon in den ältesten Zeiten berühmten warmen Quellen und ist es sogar wahrscheinlich, dass die Stadt ihre Gründung diesen zu verdanken hat. Durch Ausdehnung und Ruf den ersten Rang behauptet:

Das Kaiserbad.

(Dampfboote vom Donauquai in Pest stündlich 11 kr., Pferdebahn und Omnibusse vom Brückenkopfe 10 kr.)

Hart an der Donau am Fusse der hier nahe an das Ufer heranrückenden Ofner Berge gelegen, wurde es schon von den Römern benützt. Die Ungarn nannten es: die oberen Thermen. Unter Mathias wurde es bedeutend verschönert. Die sonst alles verheerenden Türken pflegten die Ofner Bäder be-sonders, so liess Mohamed Pascha (1543—48) bedeu-tende Bauten ausführen. An der Stelle des Kaiser-bades stand das Bad Kaplia und Velibeg's Bad, ein grosser Bau mit 5 Kuppeln; die grosse mittlere Kup-pel ruhte auf 12 Säulen. Das grosse Bassin des Volksbades ist ein Ueberrest des Kapliabades. 1802

wurde das Bad von dem damaligen Besitzer gr.
Marczibányi dem Orden der barmherzigen Brüder
geschenkt. Von diesem Orden wurde das gegenwärtige umfangreiche Gebäude aufgeführt, das zahlreiche
Wannenbäder mit Porzellan und Marmorwannen, türkische Bäder russ. Dampf- und Douchebäder, eine
gedeckte Damen- und offene grosse Herrenschwimm-
schule enthält. Die Promenade an der Donau und
der ovale von doppelter Säulenhalle umgebene Kur-
hof (mit Restauration und Kaffeehaus, Zigeunermusik) sind gegenwärtig ein beliebter Versammlungsort des eleganten Pest.

Gegenüber dem Kaiserbade liegt die mit rei-
zenden Anlagen und prächtigen Baumgruppen pran-
gende

Margarethen-Insel.

*(Ueberfahrt mittelst kleiner Dampfschiffe von Pest [untere Donauzeile
vis-à-vis der Königin von England und Ofen, Kaiserbad]. Preis
20 Neukr.)*

Sie erhielt ihren Namen von einer Tochter König
Béla IV. die auf dieser Insel als Nonne lebte
und starb. Im Mittelalter scheint die Insel grösseren Umfanges gewesen zu sein. Denn es erhoben
sich auf ihr 3 Klöster und ein Dorf auch ein Kastell
der Hospitaliter. Lange Jahre vernachlässigt wurde
die Insel in den zwanziger und dreissiger Jahren
von Palatin Josef parkirt und mit Villa nebst Meierei versehen. Gegenwärtig Eigenthum des Erzherzogs Josef ist sie in der Umgestaltung zu einem
Bade und Belustigungsorte grossen Styls begriffen.

Gleich beim Landungsplatze der Dampfboote
auf der Insel befindet sich die elegant gebaute Re-

stauration mit grossem Saale und verschiedenen
kleineren Nebenlokalitäten und Wohnungen. Weiter
nördlich (Pferdebahn vom Süden der Insel bis zur
nördlichen Spitze 10 Nkr.) liegt das in Backsteinrohbau und Haustein zierlich ausgeführte Badehaus mit
circa 80 Bädern und schönem Vestibül. Rechts hie-
von das Maschinenhaus der die ganze Insel netzför-
mig überziehenden Wasserleitung. Projectirt sind
noch ein grösseres Badehaus, ein Hotel, Kapelle und
ein eleganter Quaibau mit Wartesalon.

Südlich vom Badehaus etwa 300 Schritte ent-
fernt von dichtem Gebüsch überwuchert, liegen die
Ruinen des Klosters und der gothischen Kirche in
welcher der Sage nach die heilige Margarethe als
Nonne lebte.

Unterhalb des Kaiserbades befindet sich das
in den letzten Jahren von Dr. Heinrich neuerbaute
Lukasbad. In dem anstossenden alten Gebäude der
sogenannten Kaisermühle sind noch einige türkische
Bäder erhalten. Oberhalb der Kaisermühle auf dem
rebenbepflanzten Vorsprung des Berges steht eine
kleine türkische Moschee, ein achteckiger Kuppelbau
in dem der mohamedanische Heilige Gül Baba (Ro-
senvater) ruht, an dessen Grab alljährlich viele Der-
vische aus der Türkei, Kleinasien, selbst aus Indien
pilgern. Das Innere birgt ausser einer alten Fahne
und unzähligen arabischen Inschriften nur einige alte
Teppiche zum Gebrauch der Pilger. Von dem in der
Nähe gelegenen Calvarienberg eine schöne Übersicht
über die Schwesterstädte.

An den Abhängen des Bloksberges an der
Donau liegt das **Bruckbad**. Das jetzige Gebäude

wurde 1831 aufgeführt. Das in dem kleineren Hofe befindliche allgemeine Bad ist ein aus 1560—70 herrührender türkischer auf 8 mächtigen Säulen ruhender Gewölbebau. Die 4 Quellen dieses Bades entspringen dem Blocksberge.

Noch weiter südlich liegt das B l o c k s b a d ein unansehnliches Gebäude, dessen warmen, Schlamm führenden Quellen, namentlich in rheumatischen Leiden, grosse Heilkraft zugeschrieben wird.

An den Abhängen des Blocksberges (in der sogenannten Raizenstadt,) liegt das R a i t z e n b a d Unter König Mathias das königl. Bad genannt und durch eine Säulenhalle mit dem Schlosse verbunden, (das Volksbad datirt aus dieser Zeit) verfiel es später allmälig, bis es 1860 in die Hände des ebenso thätigen als intelligenten Arztes, Dr. J. N. Heinrich gelangte der einen gänzlich Umbau damit vornahm und es zu einem der zweckmässigsten Badeetablissements umgestaltete. Ausser zahlreichen Wannen- und Vollbädern, enthält es ein grossartig eingerichtetes Herren-Dampfbad, in maurischem Style, mit ausgezeichneten Douchevorrichtungen, und ein durch Eleganz und Niedlichkeit der Ausstattung bemerkenswerthes Dampfbad für Damen. (Omnibusse nach den verschiedenen Theilen Pests, 10 Nkr.)

Ausflüge in die Umgebung Ofens.

a) Der Blocksberg: Um eine Gesammtübersicht über die beiden Schwesterstädte zu gewinnen ist ein Spaziergang auf den Blocksberg (so genannt weil die Türken 1598 daselbst ein Blockhaus anlegten) anzurathen. Der bequemste Weg führt vom Tabaner Hirschenplatz, über den Adlerplatz durch die lange Gasse aufwärts, bei den letzten Häusern derselben biegt links ein Weg ab auf dem man mässig steigend den Gipfel erreicht. Kürzere aber steile Wege führen vom Bruckbad durch die schmaen Gässchen aufwärts. Den Gipfel des Berges krönt seit den 50-er Jahren ein mit grossen unterirdischen Kasematten, etc. ausgestattetes Fort. (Dessen Inneres nur gegen Einlassschein des Ofner Generalkommandos zugänglich ist). Um dieses Fort zieht sich ein breiter Weg, von dessen verschiedenen Punkten man die mannigfaltigste Aussicht geniesst. Der Blick reicht gegen Norden bis nach Waitzen und die Kette der Ofner Gebirge und gegen Süden in die nnabsehbare Donau-Ebene, gegen Osten überblickt man die ganze Stadt Pest sammt den dahinter liegenden Hügelreihen des Steinbruches.

b) Schwabenberg: Leider ist dieser mit zahlreichen eleganten Vilen besäte Bergrücken, (der seinen Namen von den auf diesem Berge, während der Belagerung Ofens, zur Türkenzeit, daselbst lagernden deutschen Truppen erhielt). nur auf wenig

gepflegten Wegen zugänglich. Zu Wagen erreicht
man selben durch den Tunnel, in die Schöpfungs-
gasse, dann beim sogenannten Schaffler-Miska rechts
abbiegend, zum Servitenhüttel, dann rechts über
einen steilen Weg an der Ürményischen Villa mit
Thurm vorbei zu den Brunnen, dann auf das Pla-
teau, auf dem sich das nette Kirchlein und Schul-
haus befindet. Vis-á-vis dem Kirchlein, Sauers Gasthaus mit Garten und Fernsicht. Von hier führt ein
schattiger Weg zwischen Villen und Wäldern zum
Normabaum einer riesigen Buche, von wo aus ein
schönes Panorama über die Ofner Berge und reit-
zende Einblicke in das Thal des Auwinkels. Von
hier führt ein sanft abfallender Weg zum Saukopf
(mit gutem Gasthause) und ins Auwinkel.

c) Das Auwinkel (oder Sauwinkel, weil hier
in früheren Jahrhunderten ein an Wildschweinen reicher
Thiergarten war) ist der besuchteste und beliebteste
Ausflugsort der Pester. (Pferdebahn vom Ofner
Brückenkopf; Omnibusse beim Pester und Ofner
Brückenkopf 10 Nkr.; Fiaker S. unter Lohnfuhrwerke).
Die gut gehaltene Fahrstrasse führt durch die Ofner
Vorstädte im Thale des Teufelsgraben an den Fried-
höfen (im dortigen Militärfriedhofe das Grab des
Generals Alvinczy, und die 1848 Honvédgräber, sowie das Grab des österr. Generals Hentzy) vorbei,
zum Millacker dann linksabbiegend zum Laslovsky-
schen Meierhofe, der Haltstation der Pferdebahn,
der Omnibusse und Fiaker. Von hier führt ein sanft
ansteigender Thalweg zwischen schattigen Bäumen
zum „Fasan" (gutes Gasthaus mit grossem Garten,
Zigeunermusik) dann zum Jägerhof, ehemals Gasthaus jetzt Sommerwohnungen. Diesen links liegen

lassend gelangt man zu einer ziemlich steil ansteigenden Wiese mit schöner Aussicht, dann durch eine Kastanien-Allee zum Saukopf, (ein beliebtes Gasthaus mit gutem Wein und noch besserem Wasser, das einer ziemlich starken Quelle, in einen steinernen Saukopf gefasst, entspringt). Von hier führt rechts ein Weg an der Villa zum „Auge Gottes" vorüber, auf einem Waldwege in 10 Minuten zu einer Lichtung mit reizender Aussicht auf das ganze Panorama der Ofner Berge, von hier links abbiegend führt ein schattiger Waldweg zur schönen Schäerin.

d) Die schöne Schäferin, Fahrweg auf der Budakeszer Strasse bis zum Millacker dann rechts auf die Franzenshöhe, (hübsche Rundsicht, Kirchlein mit zwei Thürmen) von hier entweder zu Fuss durch den Krutzenwinkel einem schmalen schattigen Graben, in den ebenfalls bewaldeten Maxengraben, oder zu Wagen an der Csendilla (einer hübschen Villa) und anderen Villen vorüber, zu dem zwischen schönen Wiesen und Waldgruppen gelegenen Gasthaus „Zur schönen Schäferin". (Eine Reminiscenz auf Mathias Corvinus, der hier ein kleines Liebesabenteuer mit einer schönen Schäferin hatte). Die wenigen noch vorhandenen Steintrümer sind die letzten Überreste eines 1304 gegründeten Pauliner Klosters, das besonders unter Karl v. Anjou und Mathias Corvinus florirte, zur Zeit der Türkenkriege aber gänzlich zerstört, und nicht wieder aufgebaut wurde. Einige Hundert Schritte vom Gasthause, am Waldessaum eine hübsche Aussicht über die Franzenshöhe auf Ofen.

Als grössere Ausflüge in die Ofner Gegend,
empfehlen wir einen Ausflug nach Visegrád, mit
schönen Ruinen der alten ung. Königsburg der An-
jous, mittelst Dampfschiffes, oder an die Ufer des
Plattensees bis Boglár und von hier per Dampfboot
über den Plattensee nach Füred, dem beliebtesten
ungarischen Badeorte. Auch empfehlen wir den Reisenden die entweder auf der Donau oder über Pressburg, Neuhäusel per Bahn nach Pest kamen, die
Rückreise auf der Bahn von Ofen an den Ufern des
Plattensees entlang nach Kanizsa, Steinamanger,
Oedenburg, Wiener-Neustadt, Wien. Da diese Bahn
meist durch liebliche gut bebaute und waldreiche
Gegenden führt und viel Abwechslung bietet.

Ausflüge in die Umgebung Pest's.

Während die Umgebung Ofens durchweg gebir-
gig und bewaldet ist, bildet die Gegend um Pest
eine ausgedehnte Ebene die nur hie und da durch
kleine Erhöhungen (z. B. der Steinbruch) unterbrochen wird. Dennoch finden sich auch hier einige
Oasen. Vor allem erwähnen wir das neuerworbene
Krongut:

Gödöllő.

*(Per Eisenbahn täglich Früh 8 Uhr, vom Nordbahnhof, Ankunft in
Gödöllő nach 9 Uhr, Rückfahrt 6 Uhr Abends).*

Das Schloss, in neuester Zeit zum zeitweili-
gen Aufenthalt des allerhöchsten Hofes eingerichtet,
wurde Mitte des vorigen Jahrhundertes vom Fürsten
Grassalkovich erbaut und hatte mehrmals die Ehre

des Besuches der von den Ungarn so sehr verehrten Kaiserin Maria Theresia. Später kam es in den Besitz des Baron Sina und seit drei Jahren als zur gleichnamigen Herrschaft Gödöllő gehörig in den Besitz der Krone.

Der ganze in den letzten Jahren bedeutend verschönerte und 1867 einer gründlichen Renovation unterzogene Bau umfasst circa 150 Zimmer.

Der rothmarmorne Haupteingang vor einigen Jahren noch malerisch von Epheu und anderen Schlingpflanzen überwuchert erstrahlt in neuem Glanze das Wappen des Hauses Grassalkovich musste den Abzeichen des kaiserlichen Hauses weichen.

Am Ende der Einfahrt gelangt man über eine Doppeltreppe in ein luftig und schwungvoll gewölbtes Treppenhaus, von hier durch einen grösseren Vorraum in den gerade über dem Eingange befindlichen Hauptsaal, der ganz im Style des vorigen Jahrhunderts gehalten, auch mit Rococo- und Louis XVI. Möbeln ausgestattet ist. — Rechts gelangt man in die Appartements der Königin, die einfach hell tapeziert und mit braunen Nussholzmöbeln möblirt sind. Das letzte Gemach auch von Maria Theres'a mehrmals bewohnt und zu ihrem Andenken mit dem Porträt der hohen Frau geziert ist, das Schlafgemach der Königin, dessen hervorragendstes Geräth eine herrlich geschnitzte Bettstelle bildet, die seiner Zeit auf der Londoner Ausstellung gerechte Bewunderung erregte. Von hier führt eine kleine, Wendeltreppe in die Parterregemächer der Königin, die dunkel vertäfelt und mit Seidentapeten spalirt und deren Fenster sich auf eine von Schlingpflanzen überwucherte Veranda öffnen. Links vom Haupt-

saale liegen die Gemächer des Königs, einfach mit
Nussholzmöbeln möblirt. In den an das Mittelge-
bäude sich anschliessenden Seitenflügeln sind die
Appartements für den Kronprinzen Rudolf und Erzherzogin Gisella und den Hofstaat.

Erlaubniss zur Besichtigung des Schlosses sowie des schönen Parkes erthcit der Castellan.

Neupcst.

(Pferdebahn jede Viertelstunde. Taxe 10 Neukr.)

Eine Stunde nördlich, an der Donau gelegen,
bildet Neupest die Fabriksvorstadt von Pest mit
zahlreichen Fabriksanlagen. (Ein gutes Gasthaus mit
Garten, in der Nähe des Pferdebahnhofes und auf
der diesem gegenüber liegenden Insel). Interessant namentlich im Winter ist der zur Überwinte-
rung der Dampfschiffe errichtete Donau-Winterhafen.

Fóth.

*(Eisenbahn bis Palota, von dort in ½ Stunde mittelst
Wagen).*

Besitzthum des Grafen Stephan Károlyi
mit schönem Schlosse und reizendem Park. (Im
Schlosse eine schöne Bibliothek, Marmorsammlung
und mehrere gute neuere Bilder). Bemerkenswerth
ist die schöne Kirche in romanischem Styl (Archi-
tekt Ybl) vom Grafen St. Károlyi mit grossen Kosten erbaut. Das Innere ist reich mit Fresken von
Blaas und schönem Altarblatte ausgestattet, und besonders rein gehalten. Der Rückweg kann auch
über Neupest (1 Stunde) genommen werden.

II.

Wegweiſer, Adreſſennachweiſer
und
commerzielle Notizen.

Kommunikations-Anstalten.

Hotels ersten Ranges.

Europa, Hotelier Duchange, Hotel ersten Ranges sehr comfortabel bei angemessenen Preisen, gute französische Küche. Café. Obere Donauzeile Nr. 11.

Hotel Frohner. Neues Hotel mit circa 100 Zimmern, gut und billiger als Europa. Sehr gute Küche. Café. Palatingasse Nr. 21. Aussicht auf die Promenade.

Königin von England. Umfangreiches und besuchtes Hotel, Preise wie Hotel Europa. Zimmer von 1 fl. 50 kr. aufwärts. Zu ebener Erde Restauration und Café. Ecke der Donauzeile und Brückgasse.

Hotel National. (J. Förster). Neues Hotel mit zahlreichen Zimmern, Preise etwas billiger als Europa, namentlich in den oberen Etagen. Im Parterre Restauration und Café. Waitznergasse Nr. 8.

Erzherzog Stephan. (Karl Emmerling). Elegantes Hotel neben Europa, Preise ungefähr wie Königin v. England. Café. Obere Donauzeile vis-à-vis der Akademie.

König von Ungarn. (Illmer und Zeilinger). Geräumiges Hotel, nicht theuer. Sehr gute Restauration und Café. Dorotheagasse Nr. 1.

Jägerhorn. (Kammerer). gut und nicht theuer, Parterre Restauration und Café. Eck der kleinen Brückgasse und goldenen Handgasse.

Hotels zweiten Ranges.

Goldener Adler. (Kommer). Beliebtes Gasthaus des ung. Landadels, gute ungarische Küche. Neue Weltgasse Nr. 3.

Pannonia. Neues Hotel, mit zahlreichen Zimmern, nicht theuer, im Parterre Restauration und Café. Kerepesserstrasse neben dem ungarischen Nationaltheater.

Palatin. (Danninger). Waitznergasse Nr. 8.

Stadt London. (W. Emmerling). Waitznerstrasse Nr. 38, vis-á-vis vom Bahnhofe.

Tiger. (Raics). Palatingasse Nr. 4. (auch Café und Restauration.

Stadt Paris. Waitznerstrasse Nr. 56.

Stadt Waitzen. Palatingasse Nr. 15.

Weisses Schiff. (Absteigquartier der serbischen Schweinhändler). Schiffgasse Nr. 1.

Einkehrwirthshäuser und Gasthöfe. ·

(Meist von der mit eigenem Wagen kommenden Landbevölkerung frequentirt).

Goldener Adler, Üllöerstrasse Nr. 6. — **Goldener Hirsch,** Üllöerstrasse Nr. 44. — **Grüner Kranz,** Kerepesserstrasse Nr. 37. — **Rother Ochs,** Kerepesserstrasse Nr. 2. — **Schwarzer Elefant,** Waitznerstrasse Nr. 21. — **Weisses Rössel,** Kerepesserstrasse Nr. 67. — **Weisser Schwan,** Kerepesserstrasse Nr. 1. — **Zwei blaue Böcke,** Soroksarergasse Nr. 7. — **Zwei goldene Löwen,** Heuplatz Nr. 8. — **Zwei Kronen,** Soroksarergasse Nr. 7. — **Zwei Pistolen** , Landstrasse Nr. 36.

Ofen steht hinter Pest, in Betreff der Gasthöfe, weit zurück, selbe werden meist nur als Einkehrwirtshäuser der Landbevölkerung benützt. Die Bekannteren sind:

Fortuna, in der Festung, Fortunagasse. — **Sieben Kurfürsten,** Taban, Hauptgasse. — **Stadt Debreczin,** Wasserstadt, Hauptgasse. — **Heilquelle,** in der Nähe des Kaiserbades, im Sommer häufig von Kurgästen bewohnt.

Restaurationen.

(Ausser den oben angeführten Gasthöfen).

Mihalek, Servitenplatz Nr. 7. Sehr gute Küche, Auswahl von Delikatessen, vornehm. — **Marchal,** Hatvanergasse Nr. 8, (unter den Lokalitän des National-Casino). Gute französische Küche. Delikatessen. — **Márton,** „zur Weinpresse" Hutgasse Nr. 16. — **Holzwarth,** Rosenplatz Nr. 3. — **Hopfengarten,** Grenadiergasse Nr. 7, interessant zur Beobachtung ungarischen Treibens, täglich Zigeunermusik und Volkssänger. — **Parragh,** im Beleznaigarten, in der Nähe des Nationaltheaters, mit Garten, täglich Zigeunermusik oder Volkssänger. — **Karikás,** „zur kleinen Pfeife", Servitenplatz Nr. 4. Vorzügliche ungarische Küche, sehr besucht.

Bierhäuser.

(In neuerer Zeit in grosser Anzahl entstanden, theilweise mit vorzüglichem Bier aus Dreher's Barber's etc. Brauerei, dem besten Wiener Bier nicht nachstehend).

Müller, Krongasse, gutes Barber'sches Bier, gute Küche. — **Slova,** Elisabethplatz, Dreher'sches Bier, sehr besucht.— **Schallern,** im Redoutengebäude. — **Prophet,** am alten Theaterplatz. — **Fassl,** Dorotheagasse Nr. 9. — **Blumensteckel,** Josefsplatz Nr. 11. — **Stadler,** Palatingasse Nr. 10. — **Kommer,** Ketschkemetergasse Nr. 13.

Gartenlokale.

Neue Welt, Park mit Restauration täglich bei glänzender Beleuchtung, Musik und andere Produktionen, in der Art des gleichnamigen Wiener Etablissements ausgestattet. (Entrée 40 Neukr.) Omnibusse vom Theaterplatz.

Bürgerliche Schiessstätte, am Eingange des Stadt-
wäldchens.
Dreher'sches Bierhaus im Stadtwäldchen.
Botzenhaus, ebenfalls im Stadtwäldchen. (Omnibusse
an verschiedenen Punkten der Stadt, siehe unten).
Orczygarten (Omnibusse am Heuplatz).
Klemens, im Stadtwäldchen in der Nähe der Her-
minenkapelle.
Kleine Bierhalle und **Neu-Pest** (mittelst Pferdebahn
10 Neukr.)

Kaffeehäuser.

Ausser bei jedem Hotel, in grosser Anzahl
und theilweise glänzenden Ausstattung, die Bekannteren sind:
Zur Krone, Waitznergasse 13, schönes neues
Lokal.— **Karl,** Josefsplatz Nr. 25.— **Privorszky,** Theaterplatz Nr. 5 mit Damensalon und Kiosk. — **Bihr,**
Kiosk auf dem Theaterplatze. — **Kamon,** Hatvanergasse. — **Steingassner,** obere Donauzeile. — **Söja,**
Herrengasse Nr. 5.

Conditoreien.

Kugler, Josefsplatz Nr. 12, sehr elegantes Lokal, von der Aristokratie stark frequentirt. — **Fischer,** Ecke der Herren- und Krongasse. — **Egger,**
Elisabethplatz Nr. 3. — **Dürr,** Wienergasse. — **Kle-
novics,** Universitätsplatz Nr. 3. — **Kehrer,** Sebastianiplatz.

Theater.

Ung. National-Theater.

Vorstellungen täglich, abwechselnd Oper und Schauspiel. Anfang meist halb 8 Uhr. Preise der Plätze: Loge im I. Rang 6 fl., Loge im II. Rang 5 fl., Sitz in der Fremdenloge 2 fl., Sperrsitz 1 fl. 10 kr. Parterre 70 kr., Gallerie 20 kr.

Deutsches Theater.

Vorstellungen täglich. Schauspiel, Lustspiel, Operetten. Anfang 7 Uhr. Preise der Plätze: Loge im I. Rang 6 fl., Loge im II. Rang 5 fl., Sitz in der Fremdenloge 2 fl., Sperrsitz 1 fl. 10 kr., Parterre 70 kr., Gallerie 20 kr.

Sommertheater (im Stadtwäldchen).

Vorstellungen nur an schönen Sommerabenden. Preise wechselnd.

Stadttheater in Ofen. (Festung).

Vorstellung täglich durch das Personal des Pester deutschen Theaters. Preise wechselnd aber billiger als in Pest.

Ungarisches Volkstheater in Ofen.

Operetten und ungarische Volksstücke. Preise wechselnd.

Arena (in der Christinenstadt).

Ungarische Spektakelstücke und Operetten, Vorstellungen nur bei günstigem Wetter. Preise wechselnd.

Adressennachweiser von Pest-Ofen.

Ministerien:

Ministerpräsident: Graf Julius Andrásy, Ofen, Festung, St. Georgsplatz Nr. 5.

Ministerium des Innern: Ofen, Festung, Herrengasse Nr. 52.

Ministerium der Justiz: Pest, Franz Deákgasse Nr. 14.

Ministerium für Finanzwesen: Ofen, Festung, Dreifaltigkeitsplatz Nr. 187.

Ministerium für Cultus und Unterricht: Ofen, Festung, Landhaus.

Ministerium für Handel und Volkswirthschaft: Pest, untere Donauzeile Nr. 2.

Ministerium für Communicationsanstalten: Ofen, Festung, Herrengasse Nr. 55.

Ministerium für Kriegswesen: Ofen, Festung, Wienerthorgasse.

Das kön. ung. Ministerium am Hoflager Sr. Majestät: Wien, Bankgasse Nr. 6.

Landtagsgebäude: *Unterhaus*, Alexandergasse vis-á-vis dem Museum. *Oberhaus:* im Museumgebäude, Landstrasse.

Consulate: *Norddeutscher Bund*, Waitznergasse Drasche'sches Haus. *Frankreich*, Eck der Zweiadler- und Hochstrasse. *Türkei*,

Oberster Gerichts- und Cassationshof: Pest, Franziskanerplatz Nr. 4.

Königl. ung. Gerichtstafel, Pest, Franziskanerplatz Nr. 4.

Wechsel-Apellationsgericht, Pest, Palatingasse Nr. 7.
Wechsel- und Handelsgericht I. Instanz, Pest, Zwei-
adlergasse Nr. 26.
Geschwornengericht, (für Pressvergehen). Pest, Ke-
repesserstrasse Nr. 65.
Kön. ung. Finanzdirektion, Ofen, Festung, Dreifaltig-
keitsplatz.
Komitatsgericht, des Pest-Pilis-Solter Comitates, im
Comitatshause, Pest, Grenadiergasse.
Städtisches Gericht, Pfarrkirchenplatz Nr. 1.
Einzelgerichte für die Innere und Leopoldstadt,
Pfarrkirchenplatz;
für die Franz- und Josefstadt, Stationsgasse.
für die Theresienstadt, 3 Trommelgasse.

Unterrichtsanstalten.

In Pest:

Universität, jurid. und phil. Facultät, Universitätsplatz
Nr. 1.
Med. Facultät, Ecke der neuen Welt- nnd Hatvaner-
gasse.
Physiologisches Institut, Landstrasse Nr. 40.
Chemisches Laboratorium, neue Weltgasse Nr. 2.
Botanischer Garten, Üllöerstrasse neben dem Ludo-
viceum.
Veterinäranstalt, Landstrasse, Nr. 40.
Staatsgymnasium, Ecke der Gitter- und neuen Welt-
gasse.
Piaristengymnasium, Stadthausplatz Nr. 2.
Evangelisches Gymnasium, Franz Deákplatz Nr. 3.
Gymnasium der reform. Gemeinde, Heuplatz Nr 6.
Oberrealschule, Realschulgasse Nr. 3,
Handels-Akademie, Göttergasse Nr. 18.
Kleinkinder-Bewahr-Muster-Anstalt, Valerogasse Nr. 1.
Knaben-Pensionat: Szönyi, Zuckergasse Nr. 6.
Mädchen-Pensionate: Pröbstl, Kristofplatz Nr. 1.
Szerelemhegyi, Sebastianiplatz Nr. 1.

In Ofen:

Josefspolytechnikum, Landhausgasse Nr. 117.
Obergymnasium, Festung Schulplatz Nr. 168.
Oberrealschule, Neue Gasse. Nr. 679.

Bibliotheken :

Bibliothek des Nationalmuseum's, (180,000 Bände) im
    Museumgebäude.
Bibliothek der Akademie, (circa 100,000 Bände) im
    Akademiegebäude.
Universitäts - Bibliothek , (120,000 Bände) Franzis-
    kanerplatz Nr. 6.

Zeitungen (grössere politische).

Pesti Napló, (Organ der Deákpartei) Herrengasse Nr. 8.
Hon, (Organ des linken Centrums) Franziskanerplatz
    Nr. 7.
Ellenör, (Oppositionsblatt) Universitätsgasse Nr. 7.
Századunk, (Linkes Centrum) Kristofplatz.
Magyar Ujság, (äusserste Linke) Universitätsgasse Nr. 4.
Budapesti Közlöny, (Amtsblatt) Hatvanergasse Nr. 1.
Magyar állam, (Ultramontanes Organ) Grünbaumgasse
    Nr. 10.
Pester Lloyd, (Verbreitetes deutsches Organ) Doro-
    theagasse Nr. 14.
Ungarischer Lloyd, Zweiadlergasse Nr. 14.
Neuer freier Lloyd, (Oppositionsblatt) Franziskaner-
    platz Nr. 7.

Künstlerateliers:

Székely Barth. v., (Historie und Porträt) 3 Pfei-
    fengasse Nr. 11. — Than Mór, (Historie und
    Porträt) Serbengasse Nr. 5. — Lotz K., (His-
    torie und Genre) Stationsgasse Nr. 31. — Ba-
    rabás Nik., Josefsplatz Nr. 15. — Keleti

Gust., (Landschaften) untere Donauzeile Nr. 19. — Ligeti. (Landschaften) im Museumgebäude, Parterre. — Madarász, (Historienmaler) Stadtwäldchenallee. — Alexi. (Bildhauer) Realschulgasse, im Gebäude der Oberrealschule. — Dunaiszky, (Bildhauer) Kerepesserstrasse Nr. 40. — Izsó N., (Bildhauer) Landstrasse, Museumgebäude.

Photographische Ateliers:

Borsos, (Hofphotograph) Landstrasse Nr. 42. — Simonyi, untere Donauzeile Nr. 31. — Anna Guichard, Deákgasse Nr. 4. — Gévay, (Chromophotograph) Dorotheagasse Nr. 6. — Strelitzky, Dorotheagasse Nr. 11. — Schrecker, Göttergasse Nr. 3.

Ärzte:

Bakody. (Homöopath) Dorotheagasse Nr. 6. — Bókay J., (Kinderarzt) Landstrasse Nr. 15. — Böcke, (Ohrenarzt) Dreikronengasse Nr. 13. — Diescher, (Gynäkolog) Hatvanergasse Nr. 1. — Fleischer, (Accoucheur) Hochstrasse Nr. 14. — Flór (Oberphysikus) Servitenplatz Nr. 4. — Frommhold, (Elektrotherap) Palatingasse Nr. 4. — Hasenfeld, (Balneolog) Zweiadlergasse Nr. 24. — Hirschler J., (Augenarzt) Spiegelgasse Nr. 2. — Hoffmann Karl, Zweiadlergasse Nr. 6. — Jellinek, (Syphilidolog) Lindengasse Nr. 2. — Kajdácsy, (Komitatsphysikus) Grünbaumgasse Nr. 10. — Korányi, Zweiadlergasse Nr. 14. — Kovács, (Professor) Donaugasse Nr. 3. — Kovács Sebestyén (Operateur) Josefplatz Nr. 15. — Lumnitzer, (Damenarzt) Josefplatz Nr. 14. — Mezey, Grünbaumgasse Nr. 21. —Navratil, (Kehlkopfkrankheiten) Servitenplatz Nr. 7. — Plósz, Herrengasse Nr. 6. — Poor, Seminärgasse Nr. 1. — Rózsay, Waitznerstrasse Nr. 54. — Siklósy.

(Augenarzt) Waitznergasse im Hause zur Krone. —
Stockinger, (Professor) Rathhausgasse Nr. 1. --
Szontagh, (Homöopath) Neueweltgasse Nr. 8. —
Wagner Joh., (Professor) Badgasse Nr. 3.

Apotheken,

(im ganzen vierzehn, darunter die bekanntesten:)

Stadtapotheke, Rathhausplatz. — Schern-
hofer, (auch homöopatische Apotheke) Christofplatz Nr. 2. — Jármay. (auch homöopatische
Apotheke) Seminärgasse Nr. 1. — Török, (Haupt-
niederlage der meisten Geheimmittel) Königsgasse
Nr. 7. — Thallmeyer & Comp., (Arzneiwaaren
und Drogen en gros) Palatingasse Nr. 7.

Musiklehrer :

Bartalus, (Klavier) Landstrasse Nr. 3. —
Bokkolini, (Gesang) Schlangengasse Nr. 3. —
Bognár, (Gesang) Herbstgasse Nr. 2. — Huber,
(Violine) Kerepesserstrasse Nr. 1. — Khayll, (Kla-
vier) Waitznergasse, Szentkirályisches Haus. — Moso-
nyi, (Klavier) Badgasse Nr. 1. — Kohen, (Violine)
Göttergasse Nr. 12. — Spiller, (Violine) Elbogen-
gasse Nr. 7. — Theindl, (Klavier) Mondgasse
Nr. 3. — Zimay, (Gesang) Müllergasse Nr. 19.

Wissenschaftliche und gesellige Vereine:

Ungarische Akademie, mit regelmässigen wöchentli-
chen Fachsitzungen, jeden Montag 4 Uhr, im
Akademiegebäude obere Donauzeile. (Sekretär:
J. Arany).

Kisfaludy Gesellschaft. (Sekretär: Greguss). Gesellschaft zur Beförderung der ungarischen schönwissenschaftlichen Literatur, im Akademiegebäude.

Pest-Ofner Advokatenverein, (Sekretär: Matolay).

K. Gesellschaft der Ärzte, (Sekretär: Lumnitzer). Herrengasse Nr. 8.

Verein für bildende Künste, mit permanenter Ausstellung (Sekretär: Telepy) im Akademiegebäude 2. Stock.

Geologische Gesellschaft, (Sekretär: Hantken) im Nationalmuseum.

Ung. historische Gesellschaft, (Sekretär: Thaly). Im Akademiegebäude.

Landwirthschaftlicher Verein, (Sekretär: Morócz). Üllöerstrasse Nr. 12.

Naturwissenschaftliche Gesellschaft, (Sekretär: Kátai). Sitzungen im Akademiegebäude.

Landes Gewerbe- und Industrie-Verein, im Redoutengebäude.

National-Casino , (Hauptversammlungsort des ung. Adels) Hatvanergasse Nr. 8.

Nemzeti kör, Herrengasse Nr. 8.

Lloydgesellschaft, (Rendezvous der commerziellen und industriellen Kreise), obere Donauzeile im Lloydgebäude.

Schachklub, Palatingasse, Café Venezia.

Musik-Conservatorium, Universitätsplatz Nr. 5.

Pester Unio, Gesangverein, 3 Kronengasse Nr. 16.

Eintracht, Deutscher gesell. Verein, Versammlungsort Széchenyi-Promenade.

Pester Ruderverein, Boothaus, obere Donauzeile.

Union Ruder- & Segelverein, Boothaus obigem vis-á-vis.

Schützenverein, Königsgasse Nr. 99.

Humanitätsanstalten :

Pester Frauenverein, (Vorsteherin: Frau von Bohus Zweiadlergasse Nr. 19.

Ofner Frauenverein, (Vorsteherin: Baronin von Sen-
  nyei).
Blindeninstitut, (Direktor: Mihályik) Königsgasse Nr. 56.
Armenversorgungsanstalt, (Elisabethinum) Waldzeile.
Spital der medizinischen Klinik, Neueweltgasse Nr. 6.
Bürgerspital zum heiligen Rochus, (Direktor Flór).
  Kerepesserstrasse.
Kinderspital, Herbstgasse Nr. 2.
Israelitisches Spital, Fabriksgasse Nr. 20.
Säugling-Bewahr-Anstalt, (Créche) Kirchengasse Nr. 1
Knabenwaisenhaus, (Josefinum) Üllöerstrasse Nr. 58
Mädchenwaisenhaus, Fabrikgasse Nr. 13.
Landesirrenhaus, Ofen im Leopoldifelde.
Privat-Irrenanstalt, (Dr. Schwartzer). Ofen, Christi-
  nenstadt Nr. 283.

Commerzielle Notizen.

Banken & Geldinstitute :

Anglo-Hungarianbank, Hochstrasse Nr. 2. Vermittelt Bankgeschäfte jeder Art.

Bodenkredit-Anstalt ung., Zweiadlergasse Nr. 9. Gibt Darlehen auf ung. Güter.

Filiale der k. österr. Nationalbank, Josefplatz Nr. 13. Banknotenverwechslung, Escompt- und Vorschussgeschäft.

Franko-ungarische Bank, untere Donauzeile im Assekuranzgebäude. Alle Arten Bank- und Wechselgeschäfte.

Pester ung. Kommerzialbank, Dorotheagasse. Eskomptegeschäft, Vorschüsse auf Werthpapiere, Kostgeschäft, Cheques-Ausgabe Darlehen auf Realitäten.

Ung. Gewerbebank und Sparkasse, Waitznergasse Nr. 20. Verzinsung von Einlagen von 25 kr. an, Escompt-Vorschüsse auf Werthpapiere.

Filiale der österr. Creditanstalt, Josefplatz Nr. 6. Ein- und Verkauf von Landesprodukten, Vorschüsse auf Waaren, Escompte, Cheques-Ausgabe.

Ung. allgemeine Kreditbank, Elisabethplatz Nr. 4. Dieselben Geschäftsbranchen wie die österr. Creditanstalt.

Ofner Kommerzial- und Gewerbebank, Ofen, Wasserstadt Széchényigasse Nr. 60. Escompte, Vorschüsse auf Werthpapiere und Effekten.

Pester Sparcassa, erste vaterländische, Universitätsgasse Nr. 2. Übernahme von Geldern zur Verzinsung, Escomptegeschäft, Vorschüsse auf Werthpapiere und Realitäten.

Ofner Sparcassa, Ofen, vis-á-vis der Kettenbrücke. Dieselben Geschäftsbranchen wie vorige.

Pester Hauptstädtische Sparcassa, Schlangengasse Rottenbiller'sches Haus. Geschäftsbranchen wie vorige.

Theresienstädter Sparcasse, Landstrasse Ecke der Königsgasse, wie oben.

Pester Volksbank, Selbsthilfsverein nach Schulze-Delitzschem Prinzipe, Herrengasse Trattner-Károlyisches Haus.

Bank- und Wechselgeschäfte.

Malvieux, Dorotheagasse Nr. 8. — Brüder Báron, Theaterplatz Nr. 2. — Herzberg Alex., Dorotheagasse Nr. 3. — Perlmutter Jac., Dorotheagasse Nr. 2. — Kohén, Josefplatz. — Wahrmann, grosse Brückgasse Nr. 13. — Morgenstern, grosse Brückgasse Nr. 14.

Das Börsenlokal befindet sich im Lloydgebäude in dessen Parterre auch die Kornbörse abgehalten wird.

Aktiengesellschaften:

Bierbrauerei-Aktiengesellschaft, im Steinbruch, Stadtbureau: Kerepescherstrasse Nr. 40.

Briquetten-Fabriksgesellschaft, Bureau: Széchényigasse Nr. 5.

Fassfabriks-Aktiengesellschaft, obere Donauzeile Nr. 16.

Fett- und Fleischwaaren-Fabriksgesellschaft, Bureau: Josefplatz Nr. 14.

Stearinkerzen und Seifenfabrik, Waaggasse Nr. 2.

Spiritus- und Presshefefabrik, Üllöerstrasse.

Kammgarnspinnerei, Bureau: 3 Kronengasse Nr. 6.

Königsbierbrauerei, Bureau: Eck der Rudolf- und Palatingasse.

Lederfabriksgesellschaft, Bureau: Zrinyigasse Nr. 3.

Maschinenfabriks-Aktiengesellschaft, Waitznerdamm.

Belgische Maschinen- und Schiffbaugesellschaft, Königsgasse Nr. 27.
Pannonìa-Ziegelei, goldene Handgasse Nr. 6.
Pest-Ofner Möbel-Manufaktur, Palatingasse Nr. 9.
Omnibus-Aktiengesellschaft, Waaggasse Nr. 2.
Petroleum-Raffinerie, Bureau: Dorotheagasse Nr. 10.
Pharmazentisch chemische Centralanstalt, Waitznerstrasse Nr. 59.
Remorqueur- und Bodmerei-Aktiengesellschaft, Franz Josefsquai vis-à-vis der Königin von England.
Spiritus-Raffinerie, Palatingasse Nr. 1.
Pest-Flumaner Schiffbaugesellschaft, in Neupest.
Salgó-Tarjáner Steinkohlen-Aktiengesellschaft, Kerepesserstrasse Nr. 68.
Waggonbau-Gesellschaft, nächst dem Nordbahnhofe.
Ofen-Pester Ziegelei-Gesellschaft, grosse Brückgasse.
Steinkohlen- und Ziegelwerks - Aktiengesellschaft, Deákgasse Nr. 3.

Dampfmühlen:

Árpád Dampfmühle, obere Donauzeile. — **Blum'**-sche Dampfmühle, Ofen, Hauptgasse Nr. 27. — **Elisabethmühle**, Bureau: Palatingasse Nr. 9. — **Concordia**, Bureau: goldene Handgasse Nr. 1. — **Ofen-Pester**, Leopoldstadt, nächst der Zuckerraffinerie. — **Müller und Bäcker**, untere Donauzeile. — **Königs-Dampfmühle**, Ofen, Hauptgasse Nr. 9. — **Louisenmühle**, Bureau: Zweiadlergasse Nr. 26. — **Ofner Fabrikshof**, Ofen, Neustift Nr. 361. — **Pannonia**, Bureau: Hochstrasse Nr. 15. — **Unio**, obere Donauzeile. — **Viktoria**, obere Donauzeile. — **Pester Walzmühle**, (ältestes Etablissement) äussere Palatingasse.

Assekuranzen:

Anker, (Lebensversicherung) Theaterplatz Nr. 4.
Assecurationi generali, Elementarschäden und Lebensversicherung) Josefplatz Nr. 10.
Azienda Assiouratrice, Göttergasse Nr. 7.
Gresham, (Lebensversicherung) Deákgasse Nr. 10.

Haza, (Lebensversicherung) Deákgasse Nr. 5.
Hunnia, (Rückversicherung) Waitznergasse Nr. 14.
Ország, Elisabethplatz Nr. 3.
Pannonia , (Rückversicherung) Elisabethplatz
Nr. 4.
Pester Versicherungsanstalt, Elisabethplatz
Nr. 15.
Phönix, Dorotheagasse Nr. 9.
Erste ung. Assekuranz, Elisabethplatz Nr. 3.

Buchdruckereien,

im ganzen vier und zwanzig darunter die bedeutenderen :

Athenäum, Franziskanerplatz Nr. 7. (Verlag der
meisten ung. Journale).
Erste ung. Buchdruckerei-Actiengesell-
schaft, Mondgasse.
Heckenast. Universitätsgasse Nr. 4.
Deutsch'sche Aktienbuchdruckerei. Doro-
theagasse Nr. 11.
Légrády, Eck der Hochstrasse und Zweiadlergasse.
Rudnyánszky. Waitznergasse . Szentkirályi'sches
Haus.

Buchhandlungen :

Aigner L. , Waitznergasse Nr. 18. — Bi-
ckel, Waitznergasse Nr. 9. — Eggenberger,
Franziskanerplatz Nr. 5. — Grill, Kristofplatz
Nr. 4. — Hartleben, Waitznergasse Nr. 17. —
Kilian. Waitznergasse, Parkfrieder'sches Haus. —
Lampel, (auch Leihbibliothek), Waitznergasse
Nr. 12. — Osterlamm, Elisabethplatz vis-á-vis
vom Kiosk. — Pfeiffer F., Eck des Serviten-
platzes. — Rath, Eck der Waitznergasse und kl.
Brückgasse. — Stolp, (auch Leihbibliothek) Waitz-
nergasse Nr. 7. — Lauffer'sche Leihbibliothek,
Waitznergasse Nr. 9.

Kunst- und Musikhandlungen :

Treichlinger, Eck der Waitzner- und Franz Deákgasse. — Rózsavölgyi, (Musik) Eck der Herrengasse und Servitenplatz. – Conzi, (Bilder) Waitznergasse Nr. 17. — Taborszky & Parsch. Krongasse.

Antiquitätenhändler :

Egger Samuel, Dorotheagasse Nr. 14. — Egger Gebrüder. Dorotheagasse zum König von Ungarn.

Bandwaaren :

Heyek, Eck der Brückgasse und Servitenplatz. — Iszer, Deákgasse Nr. 5. — Merese Hatvanergasse Nr. 11. — Oszwald, Franziskanerplatz Nr. 2. — Weinfeld, Theaterplatz Nr. 1. — Fischer G., (Posamentirwaaren) Dorotheagasse Nr. 2.

Eisenhändler :

Heinrich, Rathhausplatz Nr. 2. — Jurenák Landstrasse Nr. 11. — Romeiser, Waitznerstrasse Nr. 1. Schopper, untere Donauzeile Nr. 1. — Unger, untere Donauzeile, Eck der alten Postgasse.

Galanteriewaaren und Waffen.

Amizoni, (Werkzeuge) Waitznergasse, Eck der Deákgasse Nr. 3. — Calderoni, (Optikus) ebendort. – Forstinger, (besonders in Küchen- und Haushaltungsgeräthen reich sortirt) Dorotheagasse Nr. 6. Hatschek, (Optikus) Waitznergasse Nr. 14. — Jungk (Stahlwaaren) Waitznergasse Nr. 21. — Kertész & Eisert, Dorotheagasse Nr. 2. Lueff. (Parfümerie

Waitznergasse Nr. 21. —Sárkány, Eck der Waitzner-
und Deákgasse. — Syrée & Neffe, (feine Leder-
waaren und Papier) Waitznergasse, Szentkirályisches
Haus. — Schwingenschlögel, Ecke der Schlan-
gengasse und Rathhausgässchen. — Szemmek &
Mayer, (Tschibuks und Bernsteinspitzen) Waitzner-
gasse Nr. 20. — Testory. Waitznergasse Nr. 21. —
Unschuld, (Waffen) Waitznergasse, Eck der kleinen
Brückgasse. — Kirner, (Waffen, auch Fabrik und
Reparatur) Servitenplatz. — Dittmar. (Lampen)
Badgasse Nr. 3.

Geld- und Dokumentenkassen.

Wertheim, Waitznergasse, Parkfriedersches
Haus. — Wiese, Waitznergasse, Szentkirályisches
Haus. — Forstinger, Dorotheagasse Nr. 6.

Gold- und Silberwaaren.

Laky, Servitenplatz Nr. 6. — Granich-
stätter, Christofplatz zum grossen Christof. — Pa-
tits, Theaterplatz, altes Theatergebäude.—Schlet-
ter, Dorotheagasse Nr. 5. — Konrätz & Cora,
(Chinasilber) Deákgasse Mocsonyisches Haus.

Glaswaaren.

Kossuch, Palatingasse Nr. 16. — Stelzig
& Palme, Palatingasse Nr. 12.

Kirchen-Ornamente.

Zahn, Waitznergasse Nr. 14. — Ludwig, Müllergasse Nr. 4.

Landwirthschaftliche Maschinen.

Clayton, Shuttleworth & Comp. Waitznerstrasse Nr. 31. — Dobos, Fabrikgasse Nr. 15.

— Farkas, Üllöerstrasse Nr. 5. — Garrett & Son, Waitznerstrasse Nr. 39. — Gubitz, Leopoldgasse Nr. 41. — Hornsby & Son, obere Donauzeile Nr. 8. — Keer & Shorten, Akademiezinshaus. — Robey, Üllöerstrasse Nr. 1. — Röck St., Servitenplatz Nr. 7. — Schlick, (Giesserei) Fabrikgasse. — Vidats, Zweihasengasse Nr. 8.

Leinenwaaren und Wäsche.

Hugmayer & Mihalovics, Schlangengasse Nr. 1. — Mösmer, (zur Braut), Herrengasse Nr. 11 — Aebly, Servitenplatz Nr. 2. — Adam & Eberling, Herrengasse Ecke der Krongasse Nr. 2. — Wetzer & Kunz, Ecke der Herrengasse und Schlangenplatz. — Palóczy, (Weisswäsche) Waitznergasse Nr. 9. — Haris, Zeillinger & Comp., (Leinwand) zum blauen Stern, Waitznergasse Nr. 8. — Kollarits, (fertige Wäsche) Waitznergasse, Eck der Trödlergasse, zum Ypsilanti. — Tottis & Kren, Dorotheagasse Nr. 2.

Kleidermagazine (für Herren).

Wellisch, Christofplatz, zum grossen Christof. — Kleiderhalle, Dorotheagasse Nr. 6. — Weiner & Grünbaum, Deákplatz und Hatvanergasse, Ecke der Landstrasse. — Wimmenthal, Waitznergasse, Ecke der alten Postgasse. — Pantler, Brückgasse Nr. 1. — Krammer Dorotheagasse Nr. 6. — Grünbaum, Dorotheagasse Nr. 13.

Herrenmodewaaren.

Balitzky A., Waitznergasse Nr. 16. — Valentini & Comp., Waitznergasse. — Fülöp, (Herrenstoffe) Waitznergasse Nr. 18. — Pórfi, (Hüte)

Waitznergasse vis-á-vis des Hotel National. — Quenzer, (Hüte) Palatingasse Nr. 1.

Modewaaren-Handlungen.

Alter & Kiss, Waitznergasse, Eck der alten Postgasse. — Monaszterly & Kuzmik, (Hoflieferant) Waitznergasse Nr. 15. — Harrer & Schmollinger, Waitznergasse Nr. 18. —Dürsch, (Spitzen und Stickereien) Waitznergasse Nr. 19. — Frank, (fertige Damenkleider) Christofplatz ober der Grillschen Hofbuchhandlung. — Fischer Gebr., Wienergasse.

Modistinen.

Krippel, Herrengasse Nr. 14. — Brachmann, Dorotheagasse Nr. 5. — Germain, Josefsplatz Nr. 11. — Wiener Regina, Dorotheagasse Nr. 2.

Möbel-Niederlagen.

Pest-Ofner Möbelmanufaktur, Palatingasse. — Bernstein, obere Donauzeile Nr. 10. — Gebrüder Thonet, (gebogene Holzmöbel) Dorotheagasse Nr. 2. — Deutsch, Palatingasse Nr. 2. — Kramer, Dorotheagasse Nr. 6. — Ildényi, (Spiegel & Rahmen) Dorotheagasse Nr. 9. — Tausig, (Spiegel und Rahmen) Dorotheagasse Nr. 2.

Nähmaschinen-Niederlagen.

Brenner K., Wienergasse, Eck der Deákgasse Nr. 15. — Ohm C. O. Josefplatz Nr. 15. — Weiss, alte Postgasse Nr. 1. — Weiss D., Karlsgasse Nr. 2.

Papier- und Zeichen-Requisiten.

Seefehlner, (auch Malerfarben) Schlangengasse Nr. 4. — Posner C. L., (auch Fabrik gebun-

dener Geschäftsbücher) Elisabethplatz Nr. 1. — Si-
ráky, Waitznerstrasse Nr. 3. — Syreé & Neffe,
(Luxuspapiere) Waitznergasse Szentkirályisches Haus.
— Wittenbauer, Rosenplatz Nr. 1.

Parfümerien.

Musch & Comp. (Fabrik) Dorotheag. Nr. 1. —
Vértesy, Kristofplatz Nr. 1. — Lueff, Waitznergasse Nr. 21.

Papiertapeten.

Fischer, (auch Holz-Roulcaux und Möbel-
stoffe) Wienergasse. — Sieburger, (auch Par-
quetten) obere Donauzeile Nr. 10. — Ruster, Dorotheagasse Nr. 5.

Pelzwaaren.

Brüder Deák, Waitznergasse Nr. 17. — Deák
& Horváth, Waitznergasse Nr. 18. — Geyer,
Schlangengasse Nr. 2.

Porzellan & Steingut.

Wanko E., (auch Teracotta) Waitznergasse
Nr. 20. — Lang, Mich. (auch Wedgewood und Hi-
droalitt) Deákgasse Nr. 2. — Rerrich, Wiener
Aerarial-Porzellain) Herrengasse Nr. 10. — Gross,
Josefplatz Nr. 11. — Murányer Steingut,
alte Postgasse Nr. 2.

Reiseutensilien.

Ottofi L., Dorotheagasse Nr. 3.
Manschön, Badgasse Nr. 3.

Sonn- und Regenschirme.

Ivanits, Waitznergasse Nr. 2.
Ranzenberger, Waitznergasse Nr. 16.

Spezerei- & Farbwaaren.

Szenes, (auch Delicatessen), Dorotheagasse Nr. 4. — Emresz, Waitznergasse Nr. L — Glatz & Kreische, Bäckergasse Nr. 2. — Hoffmann, (Grosshandlung in Colonialvaaren) Waitznerstrasse Nr. 3. — Thallmeyer & Comp., (Apotheker-waaren und Droguen) Palatingasse Nr. 7. — Koch-meister, (Drogen) Dreikronengasse Nr. 22.

Thee und Rhum.

Dietrich & Gottschlig, Waitznergasse im Szentkirály'schen Haus und Schlangengasse Teleky'-sches Haus.

Saemereien.

Fleischmann & Weber, obere Donauzeile Nr. 1. — Halbauer & Kölber, obere Donauzeile Nr. 10. — Joh. Hoffmann, untere Donauzeile, Königin von England.

Teppich- und Möbelstoffe.

Filipp Haas & Söhne, (grosses Lager) Deák-gasse Nr. 4.

Uhren.

Lechner, (feine Broncen, auch Thurmuhren) Waitznergasse Nr. 5. — Seiler, Franziskanerplatz Nr. 1. — Klenner, Kristofplatz Nr. 2. — Krá-

lik, Schlangengasse Nr. 5. — K o h n, Dorotheagasse
Nr. 2.

Wagenfabriken.

B r ü d e r K ö l b e r, Salitergasse Nr. 4. — W i n-
t e r, Üllöerstrasse Nr. 34,

Weinhändler.

J á l i c s, (bedeutendste Exportfirma) Königsgasse
Nr. 18. — I l m c r, Dorotheagasse, König v. Un-
garn. — G s c h w i n d t, (Spirituosen) Landstrasse
Nr. 53. — P r ü c k l c r, (Liqueur) Ketschkemetergasse
Nr. 10.

Landesprodukten.

A d l e r & S o h n, (Reps und Spiritus) 3 Kronen-
gasse Nr. 2. — A e b l y, Servitenplatz Nr. 2. —
É b n e r, (Rauhwaaren) Josefplatz Nr. 5. — A. D.
H e r z l, (Wolle) Königsgasse Nr. 18. — D. S t e r n's
E r b e n, (Wolle) Josefplatz Nr. 5. — H e r z o g &
C o m p., Königsgasse Nr. 19. — M. F l e s c h, (Fett-
waaren) Waitznerstrasse Nr. 43. — C. U l l m a n n
(Fettwaaren) Palatingasse Nr. 6. — S t r a s s e r &
K ö n i g, (Getreide) obere Donauzeile Nr. 12. —
H e r z f e l d e r & S ö h n e, (Getreide) Zrinyigasse
Nr. 6. — G e b r ü d e r K o h e n, (Tabak) obere Donau-
zeile Nr. 12. — V o d i a n e r, (Tabak) Zrinyigasse
Nr. 3. — W o l f n e r & C o m p, (Fette und Le-
der) Landstrasse Nr. 48. — J a c. B i r n b a u m,
(Hanf) obere Donauzeile Nr. 5. — J. G. H a l-
b a u e r, (Exportgeschäft) Königsgasse Nr. 5. —
B e i m e l & H e r z, (Exportgeschäft) Landstrasse
Nr. 3. — G e b r ü d e r K u n e w a l d e r, (Pott-
asche) Josefplatz Nr. 11. — H. B r o d y, (Knop-
pern) Dreikronengasse Nr. 14. — J. G r u b e r &
Comp. (Zwetschken) Landstrasse Nr. 45. — S c h o s s-
b e r g e r & S ö h n e, (Tabak und Reps) Palatin-

gasse Nr. 17. — Wolfner, (Schafwolle) Landstrasse
Nr 48.

Spedition.

Ullmann & Seligmann, Göttergasse Nr. 1.
— Gyurkovics, Zrinyigasse Nr. 1. — Gyapay,
Waaggasse Nr. 1.— Liedemann, Waaggasse Nr.2.
-- Macher, obere Donauzeile Nr. 10.

Verkehrswesen.

Briefpost und Telegrafen.

Das Centralpostamt befindet sich: Innere Stadt
Eck der Hatvaner- und Grenadiergasse. Amtsstun-
den der Briefpost von 7 Uhr Früh bis 8 Uhr Abends.
Bei dem Fahrpostamte von 8 Uhr Früh bis 7 Uhr
Abends.

Ein Filialpostamt befindet sich Leopoldstadt 2
Adlergasse Nr. 12 und in der Personenhalle des
Bahnhofes.

In Ofen: Festung, Wienerthorgasse Nr. 184,
und am Ofner Bahnhofe.

Das *Telegrafenamt* Tag und Nacht geöffnet,
befindet sich Dorotheagasse im Lloydgebäude auch
mit dem Eingange von der Donauzeile.

Dienstmann Institut.

Das Centralbureau: Leopoldstadt Waitznerstrasse Nr. 2.

Die Dienstmänner sind durch ihre Uniform
grau mit rothen Schnüren und Schild am Hute mit
der Bezeichnung „Hordár" kenntlich. Taxe für einen
Gang in der Stadt 10 Nkr.

Lohnfuhrwerke.

Standplätze der Fiaker (Zweispännig) und
Comfortables (Einspännig) sind an der oberen Donauzeile, Theaterplatz, Deákplatz (früher Kohlplatz)

Franziskanerplatz. au den Bahnhöfen, Landungs-
plätzen der Dampfboote etc.

Fahrtaxen in Pest. Bei Fahrten nach der Zeit.

	zweisp.	*einsp*
Für einen Tag von 7 Uhr Morgens bis 10 Uhr Nachts.........	fl. 6.—	fl. —.—
Für ½ Tag von 7 Uhr Früh bis 2 Uhr Nachmittags oder von 2 Uhr Nachmittags bis 10 Uhr Nachts	fl. 3.30	fl. —.—
Für die erste Viertelstunde........	fl.—.—	fl. —.25
Für eine halbe Stunde	fl.—.70	fl. —.40
Für dreiviertel Stunden	fl.—.85	fl. —.60
Für eine Stunde.................	fl. 1.—	fl. —.80
Für jede weitere Viertelstunde.....	fl.—.25	fl. —.20

Bei Fahrten vom und zum Eisenbahnhofe in Pest.

Von der Leopoldstadt.............	fl.—.80	fl. —.60
Von allen übrigen Stadttheilen von Pest	fl. 1.—	fl. —.70
Von der Festung-, Kristinen , Raitzen-, Wasserstadt n d Landstrasse in Ofen.	fl. 1.50	fl. 1.—
Vom Kaiserbade ard Neustift......	fl. 2.—	fl. 1.40
Von Altofen	fl. 2.—	fl. 1.60

Bei Fahrten vom und zum Eisenbahnhofe in Ofen.

Von der Inneren und Leopoldstadt .	fl. 1.20	fl. —.—
Aus allen übrigen Stadttheilen in Pest.........................	fl. 1.50	fl. —.—

Von und zum Landungsplatze der Dampfschiffe in Pest.

Von der Inneren und Leopoldstadt .	fl.—.60	fi. —.40
Von allen übrigen Stadttheilen von Pest	fl.—.80	fl. —.60
Von der Festung-, Kristinen-, Raitzen-, Wasserstadt u. Landstrasse in Ofen.................	fl. 1.40	fl. 1.—
Vom Kaiserbade und Neustift......	fl. 1.60	fl. —.—
Von Altofen	fl. 2.—	fl. —.—

In Ofen. (Nach der Zeit).

Für einen Tag von 7 Uhr Mor-
 gens bis 10 Uhr Nachts ....fl. 6.— fl. —.—
Für ½ Tag von 7 Uhr Früh
 bis 2 Uhr Nachm., oder von 2
 Uhr Nachm. bis 10 Uhr Nachts..fl. 3.30 fl. —.—
Für die erste Viertelstunde........fl.—.— fl. —.25
Für eine halbe Stunde...........fl.—.70 fl. —.40
Für dreiviertel Stunden ....fl.—.85 fl. —.60
Für eine Stunde..................fl. 1.— fl. —.80
Für jede weitere Viertelstunde.....fl.—.25 fl. —.20
Einspännern ist aus oder in die Festung mindestens
½ Stunde zu bezahlen.

Vom und zum Eisenbahnhofe in Ofen.

Von der Christinenstadt...........fl.—.80 fl, —.50
Von der Festung, Taban, Was-
 serstadt und Landstrasse........fl. 1.— fl. —.70
Von Neustift.....................fl. 1.20 fl. —.80
Von Altofen ....fl. 1 60 fl. 1.20
Von der Inneren und Leopoldstadt
 in Pest........................fl. 1.50 fl. 1.—
Von den übrigen Stadttheilen .....fl. 1.80 fl. 1.20

Vom und zum Landungsplatze der Dampfschiffe am Bombenplatz oder am Taban.

Von der Wasserstadt ....fl.—60 fl. —.40
Von der Kristinen- u. Raitzenstadt .fl.—80 fl. —.
Von der Festung, Taban, Land-
 strasse und Neustift ....fl. 1.— fl. —.70
Von Neustift.....................fl.—.— fl. —.80
Von Altofen ....fl. 1.60 fl. 1.—
Von Ofen zum Eisenbahnhofe......fl. 1.50 fl. 1.—

Allgemeine Bestimmungen.

 Obige Fahrtaxe gilt innerhalb der Linien von
Pest-Ofen von 6 Uhr Morgens bis 10 Uhr Nachts.
früher oder später ist mit Ausnahme der Heimkehr

aus den Theatern, welche nach der obigen Taxe
ertlohnt wird, die Hälfte der Tax mehr zu bezahlen.
Wenn der Wagen zur Rückfahrt nicht benützt wiro,
darf aus diesem Anlasse keine besondere Taxe ge-
fordert werden.

Für jedes nicht im Inneren des Wagens un-
terbringbare grössere Gepäcksstück sind abgesondert
10 kr. zu entrichten.

Pferdebahn (nach amerikanischem System).

Von Pest nach Neu-Pest: Von 4 Uhr Morgens
bis 9 Uhr Abends jede Viertelstunde, 10 Nkr.
Pest - Nordbahnhof - Steinbruch: Von 4 Uhr 50
Minuten Morgens bis 9 Uhr Abends jede Vier-
telstunde 10 Nkr.
Ludoviceum - Staatsbahnhof - kleine Bierhalle:
Von 5 Uhr 30 Minuten Morgens bis 10 Uhr 30
Minuten Nachts viertelstündig, 10 Nkr.
Pest - Stadtwäldchen Halteplätze beim Invaliden-
palais und Heuplatz von 6 Uhr Morgens bis 10
Uhr Abends alle 7 Minuten 10 Nkr.

Zur leichteren Orientirung, des die Bahn benützen-
den Publikums zur Notiz, dass die von der **Hochstrasse**
und **Carls-Kaserne** ins **Stadtwäldchen** verkehrenden Wagen **grüne,** die vom **Museum** ins **Stadtwäldchen** gehenden **tricolore** die nach **Steinbruch**
verkehrenden **roth weisse** und die **Lokalzüge blau-
weisse** Fähnchen als Erkennungszeichen führen.
Die Neupester Züge unterscheiden sich dadurch, dass
sie nur mit einer Aufschriftstafel ohne Fahne versehen sind.

Pferdebahn in Ofen.

Vom Brückenkopf jede Viertelstunde ins Kaiserbad
und nach Alt-Ofen 10 Nkr.
Vom Brückenkopfe jede Viertelstunde von 6 Uhr

Früh bis halb 10 Uhr Abends ins Auwinkel
20 Nkr.

Omnibuslinien in Pest.

I. Soroksárerlinie, Heuplatz, Leopold-, Waitzner-,
Dorothea, Göttergasse und Stadtwäldchen 10
Neukr.

II. Lloydgebäude, Badgasse, Josefplatz, Elisabethplatz, Deákplatz, Königsgasse und Stadtwäldchen 10 Nkr.

III. Üllöerstrasse, Landstrasse, Deákgasse, Theaterplatz, Dorotheagasse, Palatingasse, Neue-Welt.
Staatsbahnhof, kleine Bierhalle.

IV. Josefstädter Kirche, Stationsgasse. Heuplatz.
Ketschkemeter- Herrengasse, Kristofplatz, Theaterplatz, Dorotheagasse, Donauzeile, Hochstrasse, Waitznerstrasse und Staatsbahn.

V. Leopoldgasse, Waitznergasse, Dorotheagasse, Kaiserbad in Ofen 20 Nkr.

VI. Café Zrinyi, Landstrasse, Elisabethplatz, Dorotheagasse, Kaiserbad in Ofen.

VII. Café Zrinyi, Hátvaner-, Herren-, Dorotheagasse
Kaiserbad.

VIII. Deákplatz, Waitznerstrasse, Marokkanergasse
Elisabethplatz, Badgasse.

IX. Deákplatz, Deákgasse. Theaterplatz. Dorotheagasse, Kaiserbad.

X. Deákplatz, Deákgasse, Dorotheagasse, Brückbad
in Ofen.

XI. Franz-Josefsplatz in die Festung 10 Nkr.

XII. Dreissigstgasse, Elisabethplatz, Königsgasse.
Schiessstätte, Stadtwäldchen.

XIII. Café Zrinyi (Ecke der Hatvanergasse) zur
Nordbahn.

XIV. Café Zrinyi. alle Hotels berührend zur Staatsbahn.

XV. Hotel König von Ungarn, alle Hotels berührend
zum Südbahnhof in Ofen 20 Nkr.

B) Fahrten der ungarischen Dampfschiff-Unternehmung.

Von Pest nach Apatin um 6 Uhr 30 Minuten Früh.
Von Apatin nach Pest 9 Uhr Früh, täglich.
Von Pest nach Waitzen und Gran, täglich 3 Uhr Nachmittags.

Eisenbahnverbindungen.

a) Vom Pester Bahnhof:

Von Pest nach Wien, Eilzug täglich Früh 7 Uhr 30 Minuten.

Von Pest nach Wien Postzug 9 Uhr 50 Minuten Früh und 9 Uhr 25 Minuten Abends.

Von Pest nach Szegedin, Temesvár, Baziás täglich Eilzug 9 Uhr 54 Minuten Abends, Postzug 5 Uhr 23 Minuten Abends und 7 Uhr Früh.

Von Pest nach Czegléd, Szolnok, Debreczin, Nyiregyháza, Tokaj. Miskolz, Kaschau täglich 6 Uhr 30 Minuten Nachmittag.

Von Pest nach Püspök-Ladány, Grosswardein, Szolnok. Arad mit Anschluss nach Karlsburg (Siebenbürgen) 6 Uhr 30 Minuten Früh, 5 Uhr 23 Min. Abends.

Von Pest nach Steinbruch, Gödöllö, Hatvan täglich 8 Uhr Früh und 8 Uhr 30 Minuten Abends.

b) Vom Ofner Bahnhof:

Von Ofen nach Stuhlweissenburg, Kanizsa, Triest (Abzweigung nach Agram) 6 Uhr 35 Minuten Früh und 6 Uhr 20 Minuten Abends.

Von Ofen nach Stuhlweissenburg, Szöny. Raab, Wien. 6 Uhr 35 Minuten Früh.

Von Ofen, Kanizsa, Oedenburg, W.-Neustadt. Wien 6 Uhr 35 Minuten Früh.

XVI. Hotel Frohner, Waitznerstrasse, Stadtwäldchen
10 Nkr.

XVII. Café Privorszky (Josefplatz), Neue-Welt.

XVIII. Sebastianiplatz, Stadtwäldchen 10 Nkr.

XIX. Heuplatz, Landstrasse, Stadtwäldchen 10 Nkr.

XX. Franz-Josefplatz, Auwinkel im Ofner Gebirge
25 Nkr.

XXI. Von der Mündung des Tunnels in den Stadt-
maierhof in Ofen.

XXII. Neue-Welt, Staatsbahn, grosse und kleine
Feldgasse, Hollunder-, Bräumeister-, Mühlgasse
10 Nkr.

Die Wägen der Gesellschaft werden von Con-
ducteuren begleitet, an die sich das Publikum in allen
vorkommenden Fällen zu wenden hat. Die Route jedes Wagens ist auf einer auf dem Dache befindlichen Tafel angegeben.

Dampfschiffe.

**A) Fahrten der Ersten k. k. priv. Donaudampf-
schiff-Gesellschaft.**

Aufwärts: Nach Wien täglich 6 Uhr Abends.

Nach St. Endré, Bogdány täglich Nachmittag 4 Uhr.

Nach Waitzen, Gran täglich Nachmittag
4 Uhr und 6 Uhr Abends.

Abwärts: Von Pest nach Mohács, Essegg und Neu-
satz täglich 6 Uhr Früh.

Von Pest nach Semlin, Belgrad, Montag,
Dienstag, Mittwoch, Freitag, Samstag
und Sonntag 6 Uhr Früh.

Von Pest nach Orsova, Galatz und Kon-
stantinopel (mit Schiffwechsel in Orsova) Mittwoch 6 Uhr Früh.

Diese Fahrten bleiben den ganzen Sommer
unverändert. Anfang des Frühjahres und im Spät-
herbste treten je nach den Witterungsverhältnissen,
Änderungen ein. Landungsplatz am Donau-Quai
vis-á-vis dem Lloyd Gebäude.